発達にあわせたアイデアがいっぱい！

12カ月の **0・1・2**歳児
製作あそび

横山洋子 監修

ナツメ社

はじめに

　0・1・2歳児に製作あそびなんてできるの？　幼稚園に長く勤めていた私は、よちよち歩きの子どもたちが作品を作るなんて想像できませんでした。

　ところが、0・1・2歳とは、なんと可能性に満ちた時代なのでしょう！この時代にこそ五感を通して様々な素材に触れ、自分の世界を広げていくことが大切なのだと思うようになりました。ツルツル、ザラザラ、フニャフニャの感触を味わい、自分の手を動かすことで、対象が変化する様子を見ることができます。タッチすればしただけ、絵の具の跡が増えていきます。これは子どもの有能感を育てることにつながります。

　先生方にお願いしたいのは、きれいな作品を残すより、今、子どもがおもしろいと思っていることを十分にさせてあげてほしい、ということです。「やってみたい！」という意欲的な気持ちを十分に認められ、存分に活動する経験が、子どもたちの発達にとって、何より重要だからです。

　本書には、12カ月の行事や自然を取り入れ、子どもが「やってみたい！」と思えるような製作あそびを数多く載せています。「あそびのねらい」「製作のポイント」「飾り方アイデア」もふんだんに盛り込みました。本書が先生方の保育の一助になれば幸いです。

　先生方と子どもたちの笑顔を、力いっぱい応援しています。

横山洋子

各月の季節や行事にあわせた
バラエティ豊かな製作モチーフ！

子どもや保育者の製作意欲を高める、ステキな作品を
12カ月、月別に用意しています。

「あそびのねらい」をしっかり設定！

製作あそびを通して、子どもにどのようなことを経験してほしいのか
「あそびのねらい」を挙げています。

「製作のポイント」と「飾り方アイデア」の
アドバイスつき！

作品をよりステキに演出する「飾り方アイデア」に加え、製作あそびのヒントや注意点、
子どもがより楽しめるための言葉かけなどを「製作のポイント」に入れています。

発達にあわせた製作技法や素材の提案

「手形」や「にじみ絵」、「お花紙」に「クレヨン」など、
0・1・2歳児の発達にあわせた製作技法や素材を、21種類に分類して掲載しています。

(発達には個人差があることをご了承ください。)

本書の見方

技法や素材
主な技法や素材です。

年齢
対象年齢の目安です。

あそびのねらい
製作を通して子どもに何を育みたいのか、充実した保育につながるねらいがわかります。

型紙
型紙がある場合は、巻末のページを表示しています。

準備
必要な材料や道具の見本となる写真です。

月 製作におすすめの月です。

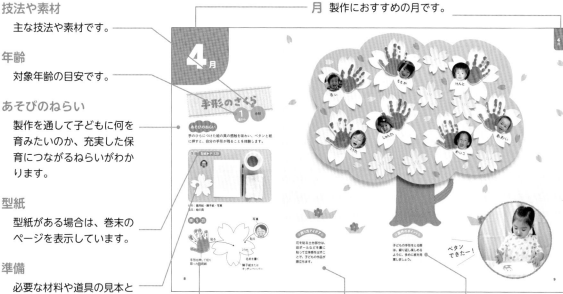

作り方
製作の手順を、イラストで紹介します。

飾り方アイデア
作った作品をよりステキに飾るアイデアを紹介します。

製作のポイント
作り方のポイントや注意点、製作中の子どもへ向けた言葉かけ例を紹介します。

もくじ

7月

8月

9月

4月

手形のさくら

1 歳から **手形**

あそびのねらい

手のひらにつけた絵の具の感触を味わい、ペタンと紙に押すと、自分の手形が残ることを体験します。

準備 **型紙 ▶ P.129**

材料：画用紙・障子紙・写真
道具：絵の具

作り方

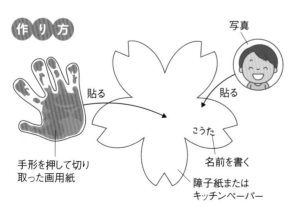

写真

貼る

貼る

こうた

手形を押して切り取った画用紙

名前を書く

障子紙またはキッチンペーパー

飾り方アイデア

花を貼る土台部分は、段ボールなどを裏に貼って立体感を出すことで、子どもの作品が際立ちます。

ももか

けんと

しゅんた

めいこ

あおい

製作のポイント

子どもの手形をとる際は、繰り返し楽しめるように、多めに紙を用意しましょう。

ペタンできたー！

手形のことり

0 歳から　**手形**

あそびのねらい

絵の具との出会いを楽しみ、押した手形がかわいいことりになることを喜びます。

準備

材料：画用紙・マスキングテープ・写真
道具：絵の具

作り方

写真

描く

マスキングテープを貼る

貼る　　貼る

手形を押して切り取った画用紙

りょうま

ちぎった画用紙

名前を書く

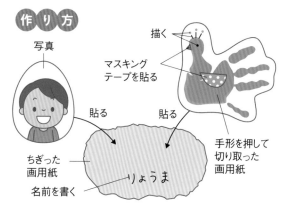
りょうま

けいすけ

みお

飾り方アイデア

ちぎった画用紙を巣に、写真をことりの卵に見立てて飾ります。

まりん　ゆめ　りく

フワフワして
やわらかいよ！

くしゃくしゃプチプチ
いちご

1 歳から　お花紙

あそびのねらい

お花紙やエアパッキンの手触りを感じながら、
いちごになる過程を楽しみます。

準備　型紙▶ P.129

材料：エアパッキン・お花紙・画用紙・丸シール

作り方

エア
パッキン

テープで
とめる

丸めたお花紙を入れて
いちご形になるように
上部をとめる

裏に貼る　りく

名前を書く

画用紙

貼る

丸シール
を貼る

染め紙のお花

2歳から **染め紙**

あそびのねらい

コーヒーフィルターの紙を折り曲げて、絵の具に浸して広げると、美しい模様ができることを体験します。それを花に見立てます。

準備 **型紙▶ P.129**

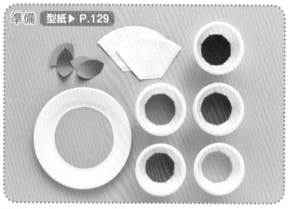

材料：コーヒーフィルター・紙皿・画用紙
道具：絵の具

作り方

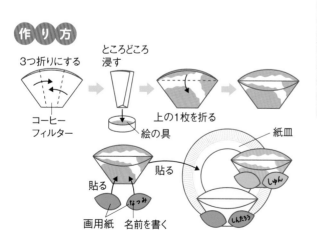

3つ折りにする
コーヒーフィルター

ところどころ浸す
絵の具

上の1枚を折る

貼る

貼る
画用紙　名前を書く
なつみ
しんたろう

貼る
紙皿
しゅん

りく

のん

そうた

飾り方アイデア

中央を切り抜いた紙皿のまわりに子どもの作品を貼ると、お花のリースのように飾ることができます。

もえ

あきと

みゆ

なつみ

しゅん

のゆり

しんたろう

わぁ！
色が染まって
いくよ！

◖製作のポイント◗

折ったコーヒーフィル
ターを絵の具につける
際は、ゆっくりと行う
と、染まっていく紙の
変化をじっくり見られ
ます。

けいすけ

あかり

青にしよう！

まな

カラフル恐竜

1 歳から　シール

あそびのねらい

色とりどりのシールを好きなように貼り、
自分だけの恐竜を作ります。

準備　型紙 ▶ P.129

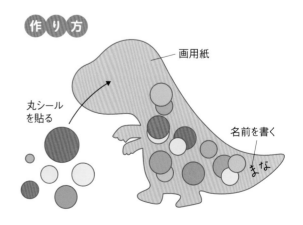

材料：画用紙・丸シール

作り方

画用紙

丸シール
を貼る

名前を書く

まな

にじみ絵あおむし

2 歳から · にじみ絵

あそびのねらい

水性ペンで描いた紙に、霧吹きで水をかけ、にじみ絵を楽しみます。できた模様で、あおむしをイメージしながら製作します。

準備　型紙 ▶ P.130

材料：コーヒーフィルター・画用紙・モール
道具：水性ペン・クレヨン・霧吹き

作り方

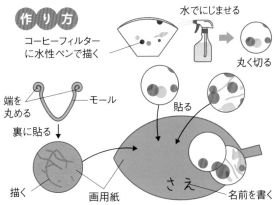

コーヒーフィルターに水性ペンで描く

水でにじませる

丸く切る

端を丸める — モール

裏に貼る ↓

描く

画用紙

貼る

さえ

名前を書く

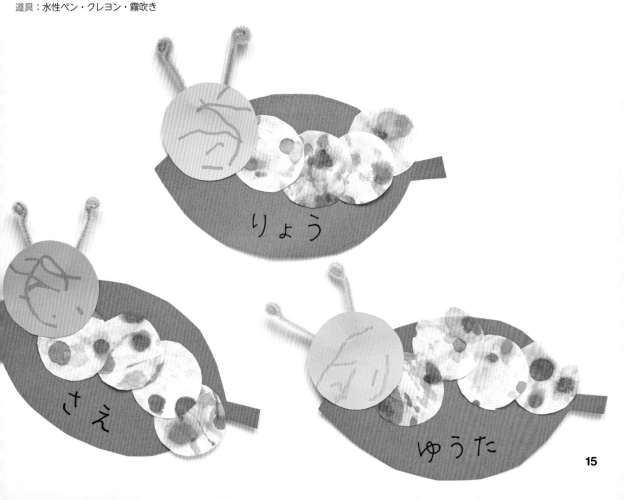

りょう

さえ

ゆうた

手形のちょうちょう

1 歳から　　**手形**

準備　型紙 ▶ P.130

材料：画用紙・カラー工作用紙・丸シール・リボン
道具：絵の具

あそびのねらい

手のひらにつけた絵の具の感触を味わい、自分の手の形が、ちょうちょうの羽になることを楽しみます。

作り方

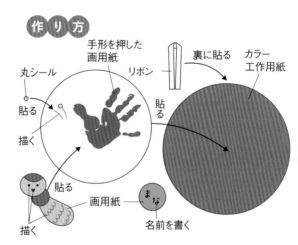

手形を押した画用紙
リボン
裏に貼る
カラー工作用紙
丸シール
貼る
貼る
描く
貼る
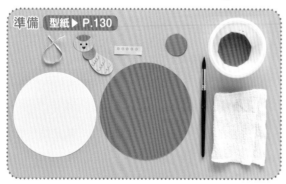
描く
画用紙
名前を書く

ふわふわうさぎ

2 歳から　　お花紙

あそびのねらい

お花紙をくしゃくしゃにする感触や、形の変化を味わいます。また、製作を通して身近な動物であるうさぎに親しみをもちます。

準備　型紙▶ P.130

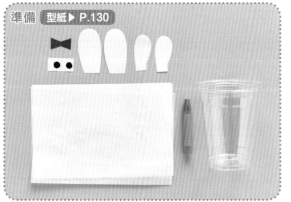

材料：プラカップ・お花紙・画用紙・丸シール
道具：クレヨン

作り方

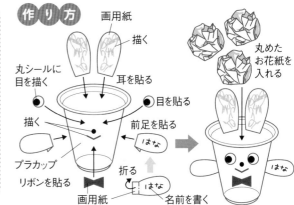

丸シールに目を描く
画用紙
描く
耳を貼る
目を貼る
描く
前足を貼る
プラカップ
リボンを貼る
画用紙
折る
名前を書く
はな

丸めたお花紙を入れる

いっぱい入れよう！

はな

おしゃれこいのぼり

2 歳から　シール

あそびのねらい

いろいろな形や色、デザインのシールを自分で選び、
自由に貼り、こいのぼりの模様を作ります。

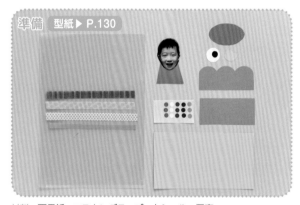

準備　型紙 ▶ P.130

材料：画用紙・マスキングテープ・丸シール・写真

作り方

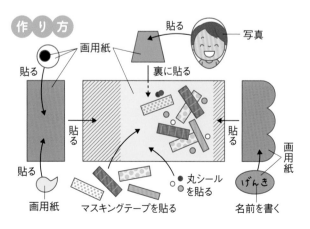

貼る　写真
画用紙
貼る
裏に貼る
貼る
貼る
貼る
画用紙
貼る
画用紙
げんき
●○○ 丸シール
を貼る
マスキングテープを貼る
名前を書く

飾り方アイデア

青空をイメージした背
景の色に、こいのぼり
を飾っても素敵です。

18

な

そう

ゆうと

げんき

ここに貼ろう！

製作のポイント

さまざまな色や柄のマスキングテープを用意して、子どもが自分で選ぶ楽しさや、違いを見つける経験ができるようにします。

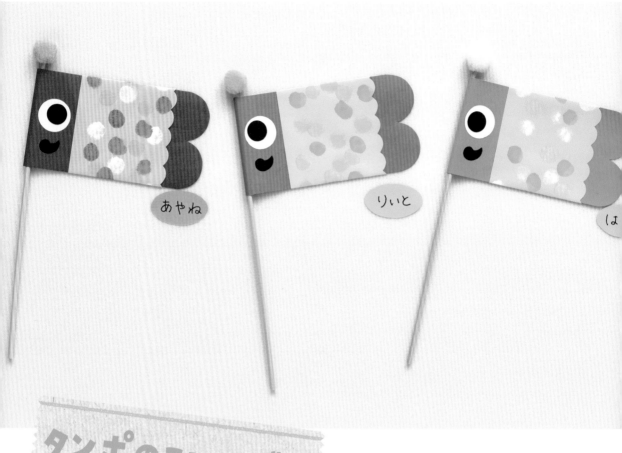

あやね

りいと

は

タンポのこいのぼり

0
歳から　タンポ

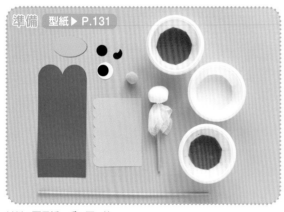

準備 **型紙 ▶ P.131**

材料：画用紙・ボン天・棒
道具：タンポ・絵の具

あそびのねらい

絵の具をつけたタンポを押す感触を味わい、
水玉模様ができることを経験をします。

作 り 方 ※タンポの作り方は P.58 を参照ください。

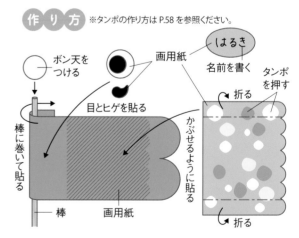

ボン天を
つける

画用紙

はるき

名前を書く

タンポ
を押す

折る

目とヒゲを貼る

棒に巻いて貼る

かぶせるように貼る

棒　　画用紙

折る

ぐるぐる描きの こいのぼり

1歳から　クレヨン

あそびのねらい

こいのぼりの模様を、好きな色のクレヨンで思いのまま線で描くことを楽しみます。

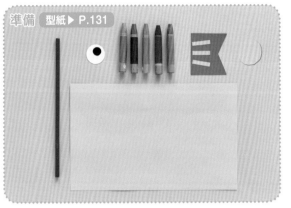

準備　型紙 ▶ P.131

材料：画用紙・ストロー
道具：クレヨン

作り方

丸めて輪にする　　画用紙

描く

中にテープで貼る

ストロー

貼る　名前を書く　画用紙

さくら

中に貼る

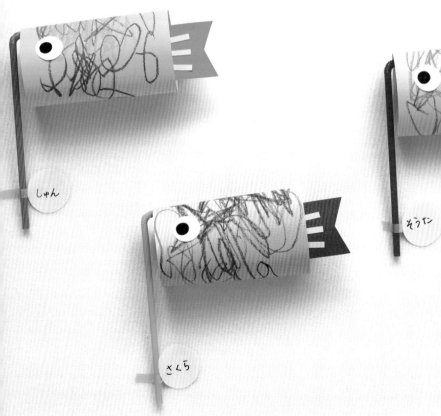

しゅん

さくら

そうたん

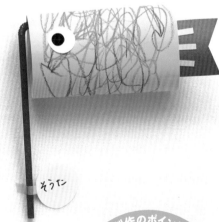

製作のポイント

ストローを持ち、こいのぼりの動きを楽しむこともできます。尾びれは輪の内側・外側、どちらに貼っても形になります。

丸くするよ！

くしゃくしゃまんまる空豆

① 歳から　お花紙

あそびのねらい

お花紙をくしゃくしゃにして丸め、トイレットペーパーの芯で作ったサヤにつめ、空豆に見立てます。

準備

材料：お花紙・トイレットペーパーの芯・画用紙

作 り 方

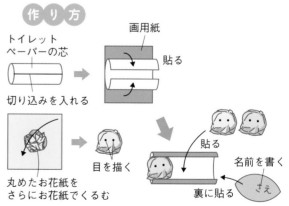

トイレットペーパーの芯
切り込みを入れる

画用紙
貼る

丸めたお花紙を
さらにお花紙でくるむ
目を描く

貼る
名前を書く
裏に貼る
さえ

くるくる風車

2 歳から　**クレヨン**

あそびのねらい

クレヨンで線を描いた紙が風車になり、
回すと模様が変化することを感じます。

準備 型紙▶ P.131

材料：折り紙・画用紙・つまようじ・ストロー・乳酸菌飲料の容器・
おはじき・割り箸・マスキングテープ

道具：クレヨン

作り方

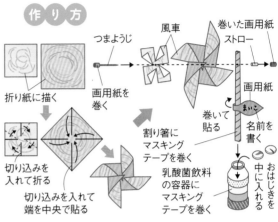

折り紙に描く

切り込みを入れて折る

切り込みを入れて端を中央で貼る

つまようじ

画用紙を巻く

風車

巻いた画用紙
ストロー
画用紙

巻いて貼る

名前を書く

割り箸にマスキングテープを巻く

乳酸菌飲料の容器にマスキングテープを巻く

おはじきを中に入れる

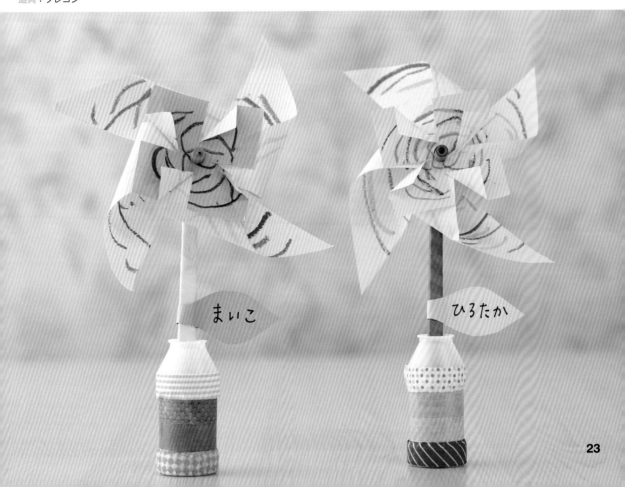

まいこ

ひろたか

母の日プレゼント
ふんわりカーネーション

0歳から　　お花紙
シール

あそびのねらい

お花紙の柔らかな素材の感触を味わったり、貼る位置を意識しながら手や指を動かしたりする経験をします。

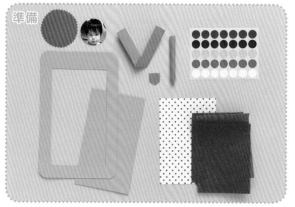

準備

材料：お花紙・折り紙・工作用紙・柄折り紙・丸シール・画用紙・写真

作り方

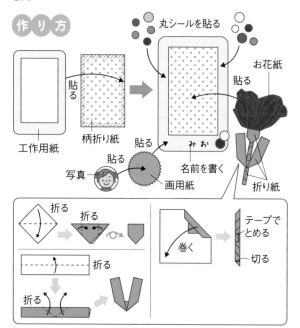

丸シールを貼る

貼る

工作用紙

柄折り紙

貼る　　お花紙

貼る

貼る

写真

画用紙

名前を書く

みお

折り紙

折る　折る

折る

巻く　　テープでとめる

切る

折る

みお

飾り方アイデア

作品を上下にずらして飾ると、動きが出て、いきいきした雰囲気を演出することができます。

かいと

たかひろ

製作のポイント

カーネーションの下に
さまざまな柄折り紙を
敷くと、それぞれの作
品に個性が出ます。子
どもが選べるようにし
ましょう。

どれが
いいかな？

はい、どーぞ

コップや花瓶に挿して、
「フー」っと息をかけると回るよ！

母の日プレゼント
お花の風車

1 歳から ・ シール

準備 型紙 ▶ P.131

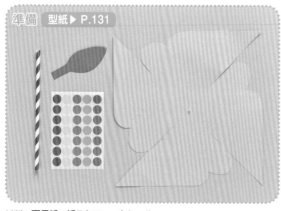

材料：画用紙・紙ストロー・丸シール

あそびのねらい

画用紙に自由にシールを貼り、回すと模様が変わることを知ります。

作り方

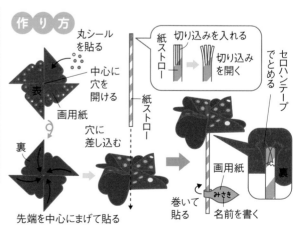

丸シールを貼る
中心に穴を開ける
表
画用紙
裏
先端を中心にまげて貼る

切り込みを入れる
紙ストロー
切り込みを開く
紙ストロー
穴に差し込む

セロハンテープでとめる
画用紙
みさき
裏
巻いて貼る
名前を書く

26

母の日プレゼント
パタパタバード

2 歳から クレヨン

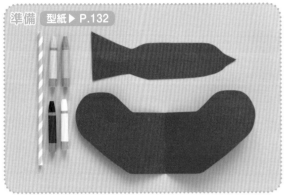

準備 型紙▶ P.132

材料：画用紙・紙ストロー
道具：クレヨン

あそびのねらい

画用紙にクレヨンで自由に模様を描き、
羽ばたく鳥の様子を楽しみます。

作り方

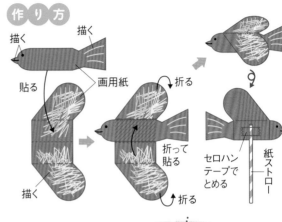

描く　描く

貼る　画用紙　折る

描く　折って貼る　折る

セロハンテープでとめる　紙ストロー

パタパタ動くね！

飾り方アイデア

ストローを取って麻ひもをつけ、つるして飾ることもできます。

27

スタンプ あじさい

0 歳から　**スタンプ**

あそびのねらい

あじさいのがくの形にしたスチレンボードのスタンプを持ち、絵の具をつけてスタンプをします。

準備 **型紙▶ P.132**

材料：画用紙・スチレンボード（段ボール）・ペットボトルのふた・写真
道具：絵の具

作り方

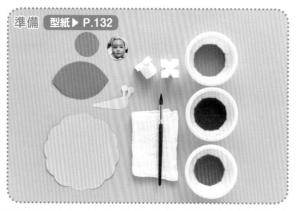

スチレンボード
または段ボール → 切る

ペットボトル
のふた

テープで貼る → 貼る

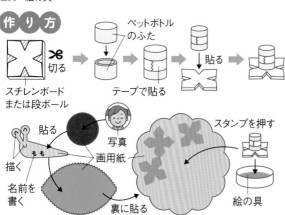

貼る

描く

名前を
書く

もも

写真

画用紙

裏に貼る

スタンプを押す

絵の具

れん

りな

飾り方アイデア

あじさいの背景に、葉っぱに見立てた画用紙を敷いたり、雨のしずくやキラキラの雨粒を飾ったりして、梅雨の風景を表現します。

どうやって持つのかな？

製作のポイント

子どもでも握りやすいよう、ペットボトルのキャップで持ち手を作り、スチレンボードのスタンプに貼りつけます。

しゅん

もも

たくと

型抜きぬりぬり あじさい

1 歳から ・ クレヨン

あそびのねらい

お花の形に
なるかな？

あじさいのがくの形に切り抜いたクリアファイル
に、画用紙をはさみ、クレヨンで塗りつぶすと、
形通りの絵になることを経験します。

準備 型紙▶ P.132

材料：画用紙・クリアファイル
道具：クレヨン

作り方

カッターで切り抜く

画用紙のサイズ　クリアファイル

中にはさむ

画用紙

クレヨンで塗りつぶす

画用紙

切る ✂

貼り合わせて
円すいにする

裏に貼る

はな

名前を書く

ペタペタあじさい

2 歳から　のり貼り

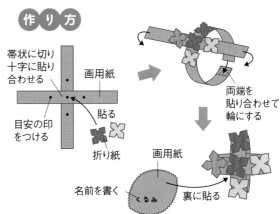

あそびのねらい

好きな色のあじさいのがくを選び、貼ることを楽しみながら、あじさいの花に親しみます。

準備　型紙▶ P.132

材料：画用紙・折り紙
道具：のり

作り方

帯状に切り十字に貼り合わせる

画用紙

貼る

目安の印をつける

折り紙

両端を貼り合わせて輪にする

画用紙

名前を書く

くるみ

裏に貼る

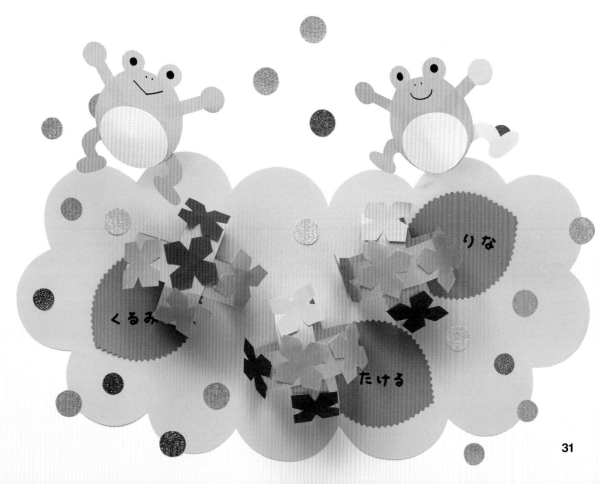

くるみ

たける

りな

カタツムリとカエル

1歳から **スタンプシール**

あそびのねらい

乳酸菌飲料の空き容器でやシールで、模様をつけることを楽しみます。

準備 **型紙▶ P.133**

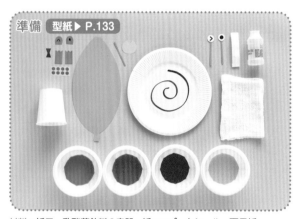

材料：紙皿・乳酸菌飲料の容器・紙コップ・丸シール・画用紙・紙モール
道具：絵の具

作り方

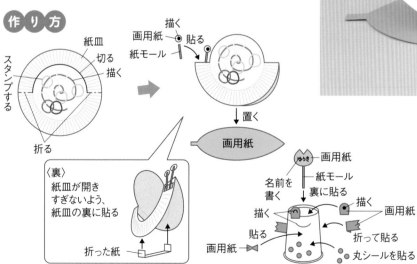

スタンプする
紙皿
切る
描く
折る

描く
画用紙 ○ 貼る
紙モール

置く
画用紙

〈裏〉
紙皿が開きすぎないよう、紙皿の裏に貼る
折った紙

ゆうき 画用紙
名前を書く
紙モール
裏に貼る
描く 描く 画用紙
貼る 折って貼る
画用紙 丸シールを貼る

飾り方アイデア

本物のあじさいと一緒に飾って、季節感をより演出してもよいですね。

32

ゆうき

がいと

ひなこ

ゆい

裏

製作のポイント

安定してカタツムリを
立たせるために、右の
写真のように、紙皿の
裏に紙を貼って仕上げ
ます。

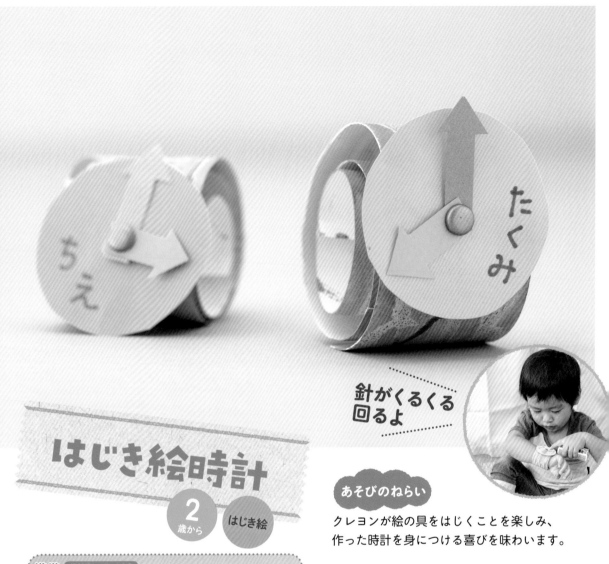

針がくるくる
回るよ

はじき絵時計

2 歳から　**はじき絵**

💭 **あそびのねらい**

クレヨンが絵の具をはじくことを楽しみ、
作った時計を身につける喜びを味わいます。

準備　**型紙▶ P.133**

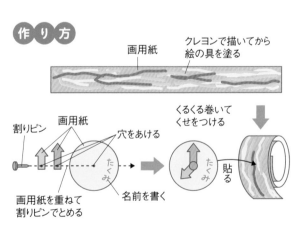

材料：画用紙・割りピン
道具：クレヨン・絵の具

作り方

画用紙

クレヨンで描いてから
絵の具を塗る

割りピン
画用紙
穴をあける
たくみ
名前を書く
画用紙を重ねて
割りピンでとめる

くるくる巻いて
くせをつける

たくみ

貼る

父の日プレゼント お花紙入りトレー

0歳から

お花紙

あそびのねらい

お花紙をビリビリとやぶき、透明のトレーではさみ、模様にします。プレゼントして、喜んでもらう体験をします。

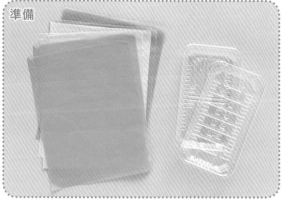

準備

材料：透明トレイ・お花紙

作り方

書く
パパへ

名前を書く
さき

透明トレイ

ちぎったお花紙を入れる

透明トレイ

透明接着材で貼り合わせる

どうぞ！
使ってね！

父の日プレゼント スマホ型カード

1歳から

スタンプ シール

あそびのねらい

丸、三角、四角など、さまざまな形に親しみ、シール貼りやスタンプを楽しみます。

準備

材料：画用紙・スポンジ・丸シール・写真
道具：絵の具

作り方

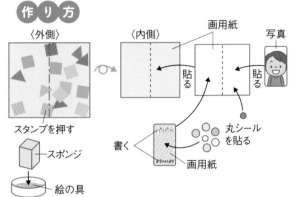

〈外側〉

スタンプを押す

スポンジ

絵の具

〈内側〉

画用紙

写真

貼る

貼る

書く

丸シール を貼る

画用紙

パパへ

けんと より

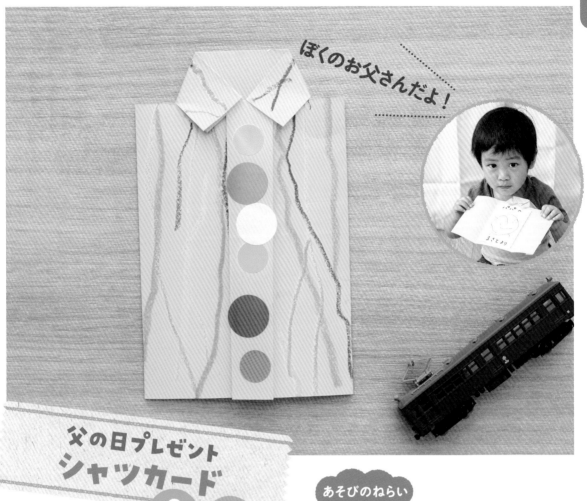

ぼくのお父さんだよ！

父の日プレゼント
シャツカード

2
歳から

クレヨン
シール

あそびのねらい

お父さんに似合うシャツをイメージして、模様や
似顔絵を描いたり、シールを貼ったりします。

準備　型紙▶ P.133

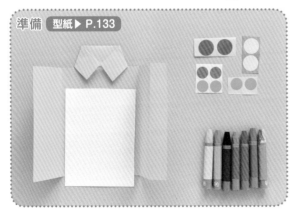

材料：画用紙・丸シール
道具：クレヨン

作り方

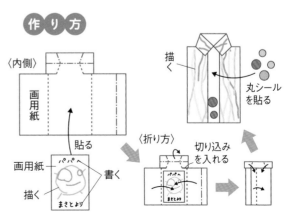

〈内側〉

画用紙

貼る

画用紙

パパ

描く

まさとより

書く

〈折り方〉

切り込み
を入れる

描く

丸シール
を貼る

七夕
指スタンプ四角つなぎ

0 歳から　指スタンプ

あそびのねらい

指先に絵の具をつける感触を味わい、スタンプをして、模様をつけます。

準備　型紙▶ P.133

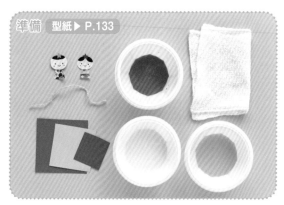

材料：画用紙・千代紙・シール・ひも
道具：絵の具

七夕
ひらひらお星さま飾り

1 歳から　お花紙

あそびのねらい

お花紙をダイナミックにちぎったり、揺らして動きを楽しんだりしながら、お星さまに親しみます。

準備　型紙▶ P.133

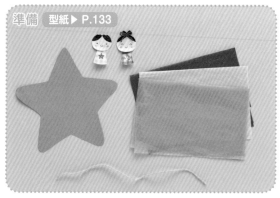

材料：画用紙・お花紙・柄折り紙・シール・ひも

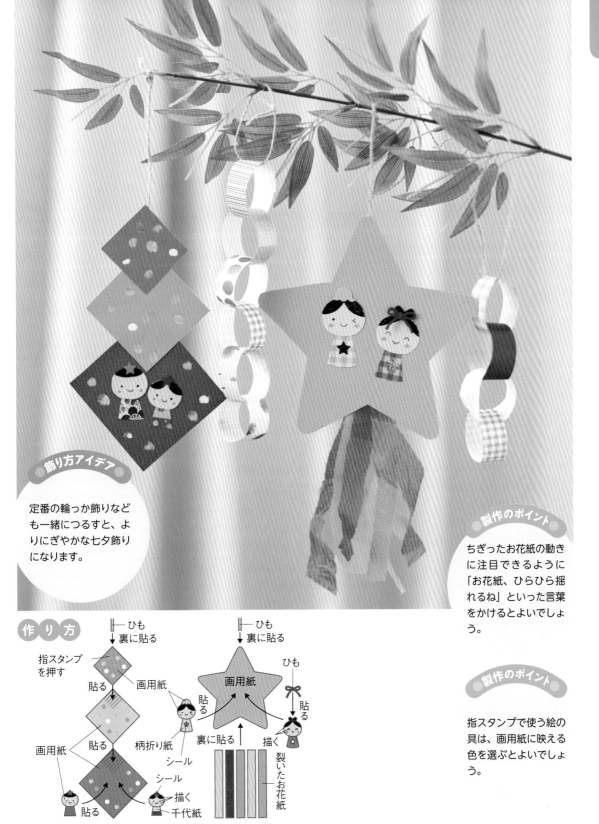

飾り方アイデア

定番の輪っか飾りなど
も一緒につるすと、よ
りにぎやかな七夕飾り
になります。

製作のポイント

ちぎったお花紙の動き
に注目できるように
「お花紙、ひらひら揺
れるね」といった言葉
をかけるとよいでしょ
う。

製作のポイント

指スタンプで使う絵の
具は、画用紙に映える
色を選ぶとよいでしょ
う。

作り方

|⊢ ひも
↓ 裏に貼る

指スタンプ
を押す

貼る

画用紙

貼る

画用紙

貼る

シール

シール

描く

千代紙

貼る

|⊢ ひも
↓ 裏に貼る

画用紙

貼る

柄折り紙

裏に貼る

裂いたお花紙

ひも

貼る

描く

39

七夕
きんぎょさん飾り/たこさん飾り

2 歳から

お花紙
シール
裂く

あそびのねらい 指先を使ってスズランテープを裂き、タコや金魚の一部を作ります。

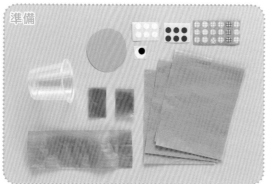

準備

材料：透明カップ・お花紙・画用紙・スズランテープ・丸シール

準備

材料：ビニール袋・お花紙・丸シール・スズランテープ・ひも

作り方

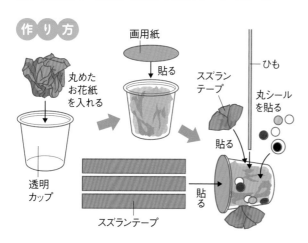

丸めた
お花紙
を入れる

透明
カップ

画用紙

貼る

スズラン
テープ

貼る

ひも

丸シール
を貼る

貼る

スズランテープ

作り方

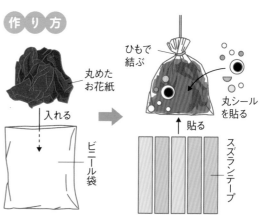

丸めた
お花紙

入れる

ビニール袋

ひもで
結ぶ

丸シール
を貼る

貼る

スズランテープ

「スズランテープ」はタキロンシーアイ株式会社の登録商標です。

40

細くなったよ！

スズランテープが裂き
にくい場合は、保育者
が切れ目を入れて渡す
とよいでしょう。

うしろに
プロペラもあるよ

ぷかぷかカラフル船

2 歳から ペン

準備 型紙 ▶ P.134

あそびのねらい

ペットボトルに、模様を描くことを楽しみながら、
水に浮かべられる船を作ります。

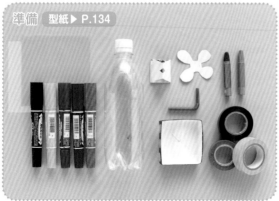

材料：ペットボトル・折り紙・ビニールテープ・牛乳パック・ストロー
道具：クレヨン・油性ペン

作り方

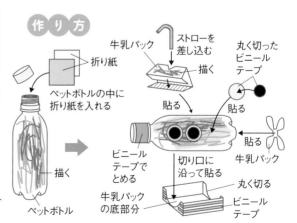

折り紙

ペットボトルの中に
折り紙を入れる

描く

ペットボトル

牛乳パック

ストローを
差し込む

描く

貼る

丸く切った
ビニール
テープ

貼る

ビニール
テープで
とめる

切り口に
沿って貼る

貼る
牛乳パック

牛乳パック
の底部分

丸く切る
ビニール
テープ

紙粘土パンダ

2 歳から　　紙粘土

準備　型紙▶ P.134

材料：軽量紙粘土・フェルト・紙コップ・画用紙・ストロー
道具：油性ペン

あそびのねらい

パンダという動物に親しみ、紙粘土を丸める感触を味わいながら、自分のだけのオリジナルパンダを作ります。

作り方

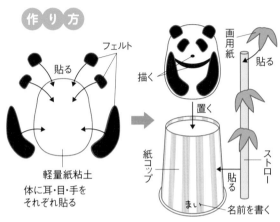

フェルト
貼る
軽量紙粘土
体に耳・目・手をそれぞれ貼る

描く
画用紙
貼る
置く
紙コップ
ストロー
貼る
名前を書く

指スタンプ花火

1歳から **指スタンプ**

あそびのねらい

好きな色の絵の具に指をつけ、花火を作る喜びを味わいます。自分の写真と作品が一体になる嬉しさを感じます。

準備 **型紙▶ P.134**

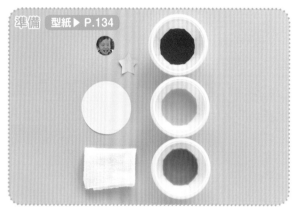

材料：画用紙・写真
道具：絵の具

作り方

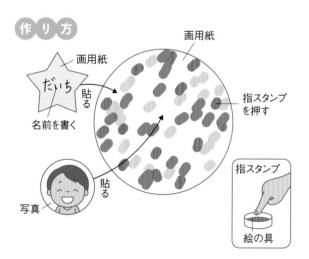

- 画用紙
- 画用紙
- だいち
- 名前を書く
- 貼る
- 指スタンプを押す
- 写真
- 貼る
- 指スタンプ
- 絵の具

だいち

飾り方アイデア

大きさの異なる丸シールや、星を加えて、夜空に打ち上がる花火をかわいらしく表現します。

さり

こうすけ

ゆうき

たく

いろいろな色の
花火にしよう！

製作のポイント

１本の指を使って指ス
タンプをすることを伝
えましょう。親指や小
指を使ってもおもしろ
いですね。

手形うちわ

0歳から　**手形 折り紙**

あそびのねらい

手のひらに絵の具がつく感触や、折り紙をビリビリとやぶくおもしろさを味わいます。

準備

材料：うちわ・折り紙・画用紙・マスキングテープ
道具：のり・絵の具

作り方

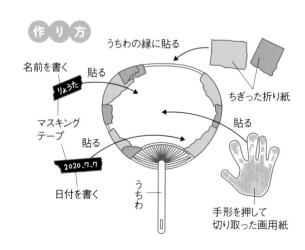

うちわの縁に貼る

名前を書く　　貼る

りょうた

ちぎった折り紙

マスキングテープ

貼る

貼る

2020.7.7

日付を書く

うちわ

手形を押して
切り取った画用紙

46

コラージュうちわ

2歳から

絵の具
のり貼り

あそびのねらい

絵筆を持ち、絵の具で自由に描くことを楽しみ、それを自分のうちわの模様にする経験をします。

準備

材料：うちわ・画用紙
道具：のり・絵の具

作り方

大きな紙や
画用紙に絵の具で
描いて切る

貼る

うちわ

貼る

画用紙

名前と日付を書く

ゆきあ 2020.8.18

8月

染め紙アサガオ

1歳から **染め紙**

あそびのねらい

折った障子紙に絵の具をつけたら、開くと模様になることを知ります。アサガオの花に親しみをもちます。

準備 型紙▶ P.134

材料：障子紙・画用紙・丸シール
道具：絵の具

作り方

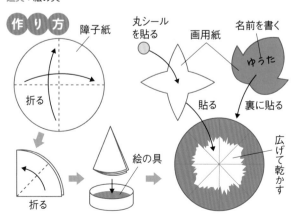

障子紙

丸シールを貼る

画用紙

名前を書く

ゆうた

折る

貼る

裏に貼る

折る

絵の具

広げて乾かす

あお

めい

飾り方アイデア

棒状に丸めた折り紙を支柱にし、紙テープをアサガオのツルに見立てて飾ります。

48

ここみ

ゆうた

しょう

ここみ

製作のポイント

三角形に折った障子紙
の頂点部分は絵の具
をつけないようにする
と、本物のアサガオの
色づきが表現できます。

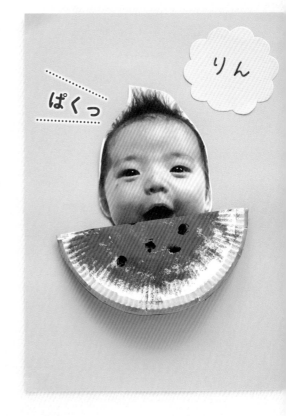

紙皿スイカ

0歳から
絵の具
指スタンプ

あそびのねらい

紙皿いっぱいにスタンプして色をつけることを楽しみ、スイカを作ります。

材料：紙皿・スポンジ・画用紙・写真
道具：油性ペン・絵の具

作り方

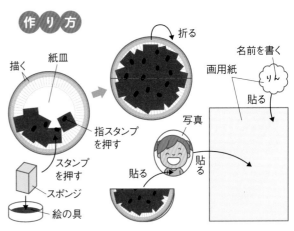

50

はじき絵きんぎょ

2歳から　**はじき絵**

準備　型紙 ▶ P.134

材料：画用紙・お花紙
道具：クレヨン・絵の具

あそびのねらい

クレヨンが絵の具をはじくことを知り、その模様がきんぎょの体になることを喜びます。

作り方

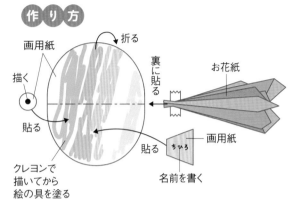

画用紙
折る
描く
裏に貼る
お花紙
貼る
貼る
画用紙
ちひろ
名前を書く
クレヨンで描いてから絵の具を塗る

染め紙アイス

① 1歳から 染め紙

準備 型紙 ▶ P.134

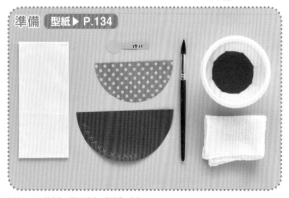

材料：お花紙・画用紙・柄折り紙
道具：絵の具

あそびのねらい

ねじったお花紙に絵の具をつけて、アイスクリームをイメージしながら、染みていく色の変化に興味をもちます。

作り方

丸めた
お花紙

絵の具

名前を書く
画用紙

差し込む

描く

画用紙

柄折り紙

丸めて
貼る

差し込む

紙コップ風鈴

0 歳から　シール

あそびのねらい

クリアファイルに自由にシールを貼り、できあがった風鈴の音色を楽しみます。

準備

材料：クリアファイル・紙コップ・折り紙・丸シール・鈴・ひも
道具：のり

作り方

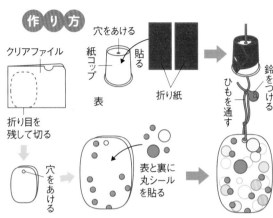

クリアファイル

折り目を残して切る

穴をあける

穴をあける

紙コップ

表

貼る

折り紙

鈴をつける

ひもを通す

表と裏に丸シールを貼る

製作のポイント

シールを貼る土台をクリアファイルにすることで、涼しげな雰囲気を出すことができます。

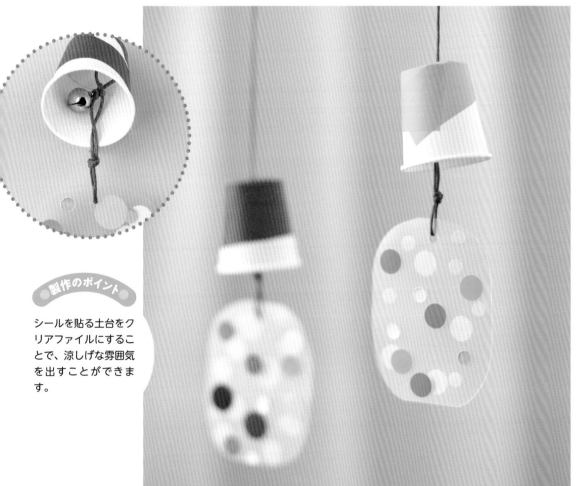

53

元気いっぱいヒマワリ

2歳から　**はさみ・ペン**

あそびのねらい

はさみの一回切りと模様描きを楽しみ、ヒマワリになることを喜びます。

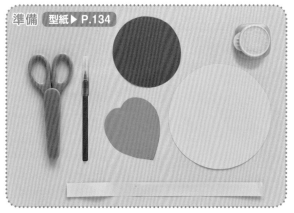

準備　**型紙▶ P.134**

材料：画用紙・ペン・紙テープ
道具：はさみ・のり

作り方

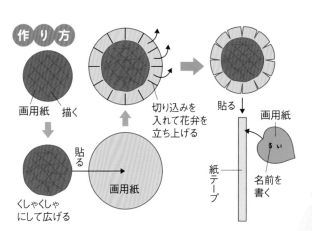

画用紙　描く

くしゃくしゃにして広げる

貼る

画用紙

切り込みを入れて花弁を立ち上げる

貼る

画用紙

紙テープ

名前を書く

るい

やま

しおり

飾り方アイデア

さまざまな色の弁当用バランで下草を表現して、飾ってみましょう。

製作のポイント

一回切りした花びら部分を立ち上げて、いきいきとした元気なヒマワリに仕上げます。

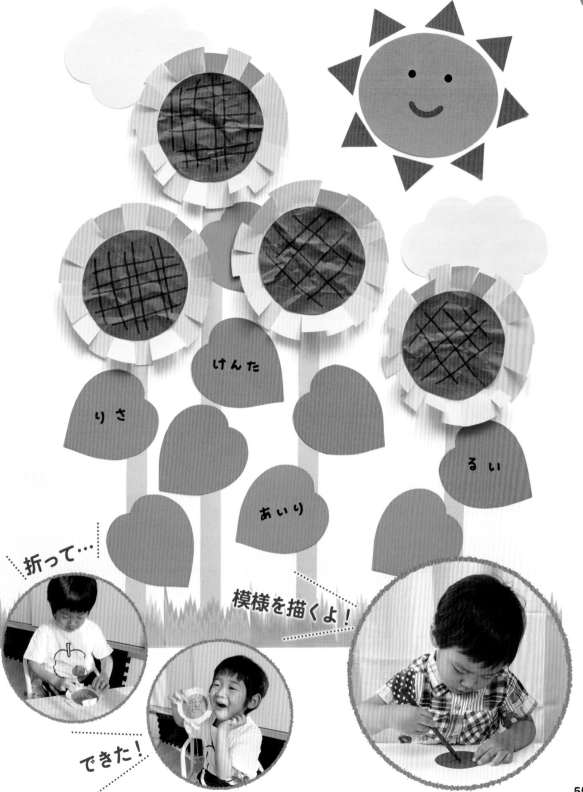

りさ

けんた

あいり

るい

折って…

模様を描くよ！

できた！

紙皿のカニ

② 歳から　絵の具

あそびのねらい

カニという生き物に興味をもち、絵の具を塗ったり画用紙を貼ったりして、自分のカニを作ります。

準備　型紙▶ P.135

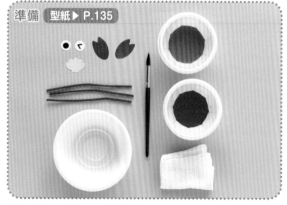

材料：深めの紙皿・モール・画用紙
道具：絵の具

作り方

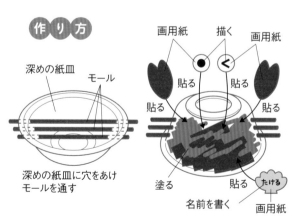

深めの紙皿

モール

深めの紙皿に穴をあけモールを通す

画用紙

描く

画用紙

貼る　貼る

貼る　貼る

塗る

貼る

名前を書く

画用紙

たける

56

足形ペンギン

0歳から　足形

準備

材料：画用紙・キッチンペーパー・ストロー・紙コップ・マスキングテープ
道具：のり・絵の具

あそびのねらい

足の裏に絵の具を塗る感触を味わい、自分の足形がペンギンになったことを喜びます。

作り方

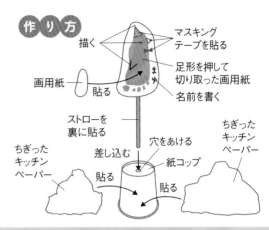

描く　マスキングテープを貼る
画用紙　貼る　足形を押して切り取った画用紙
名前を書く
ストローを裏に貼る
差し込む　穴をあける　紙コップ
ちぎったキッチンペーパー　貼る　貼る　ちぎったキッチンペーパー

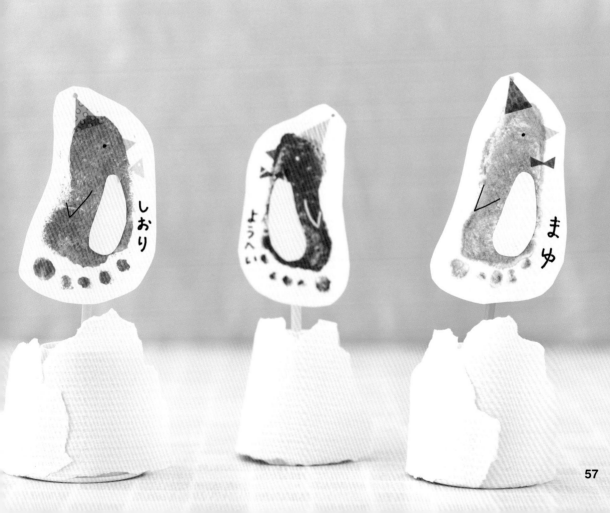

しおり　ようへい　まや

57

ぽんぽんコスモス

2 歳から ・ タンポ

あそびのねらい

タンポを好きなように押して、模様を作ります。楽しみながら、コスモスの花に親しみます。

準備 型紙▶ P.135

材料：画用紙・折り紙
道具：タンポ・絵の具

作り方

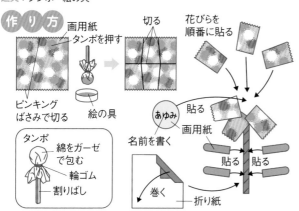

画用紙
タンポを押す
切る
花びらを順番に貼る

ピンキングばさみで切る
絵の具

あゆみ
名前を書く
貼る
画用紙
貼る　貼る

タンポ
綿をガーゼで包む
輪ゴム
割りばし

巻く
折り紙

あゆみ

飾り方アイデア

コスモス畑を飛んでいるようなイメージで、トンボを一緒に飾ってもかわいいでしょう。

あきと

けんた

まほ

製作のポイント

画用紙の両端をピンキングはさみで切り、本物のコスモスらしい、ギザギザを表現します。

ぽんぽん
楽しい！

ふっくらコスモス

0 歳から　**お花紙**

あそびのねらい

お花紙の柔らかい感触を味わいながら丸め、花の中央につくことを認識します。

作り方

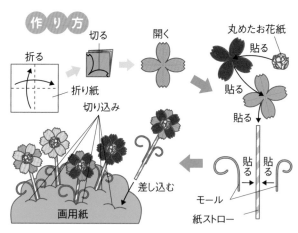

折る　折り紙

切る

開く

丸めたお花紙　貼る

貼る

貼る

切り込み

差し込む

貼る　貼る

モール

紙ストロー

画用紙

0 歳から　貼る

あそびのねらい

ボン天のふわふわの感触を味わい、台紙にくっつけることを楽しみます。

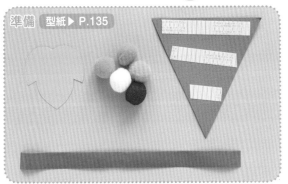

準備　型紙 ▶ P.135

材料：画用紙・ボン天・紙テープ・両面テープ

作り方

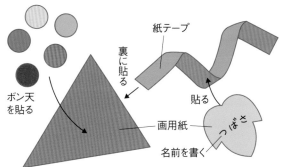

ボン天を貼る

紙テープ
裏に貼る
貼る
画用紙
つばさ
名前を書く

くっつくよ！

かほ

やまと

つばさ

おしゃれな
洋服にしよう！

飾り方アイデア

秋の夜に、月へ向かう
ウサギたちをイメージ
した壁面飾り。雲に立
体感を出します。

ことりぐみ

おしゃれウサギ

1歳から　**ペン**

あそびのねらい

ウサギの顔に丸シールで目・鼻をつけたり、洋服の
模様を描いたりすることを楽しみます。

準備　型紙 ▶ P.135

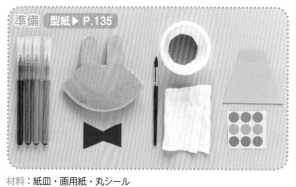

材料：紙皿・画用紙・丸シール
道具：ペン・絵の具

作り方

紙皿
切り込み
折る
表
塗る

裏
折って
とめる

目と鼻を貼る
丸シール
表
中に貼る
描く
貼る
ともすけ
画用紙
名前を書く

準備 型紙 ▶ P.135

材料：画用紙・丸シール
道具：水性ペン

あそびのねらい

トンボに親しみをもちながら、羽に好きな模様を描きます。

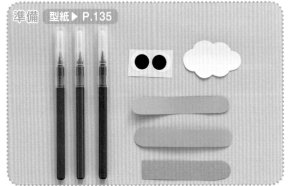

作り方

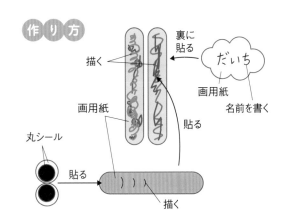

裏に貼る

描く

だいち

画用紙

名前を書く

画用紙

貼る

丸シール

貼る

描く

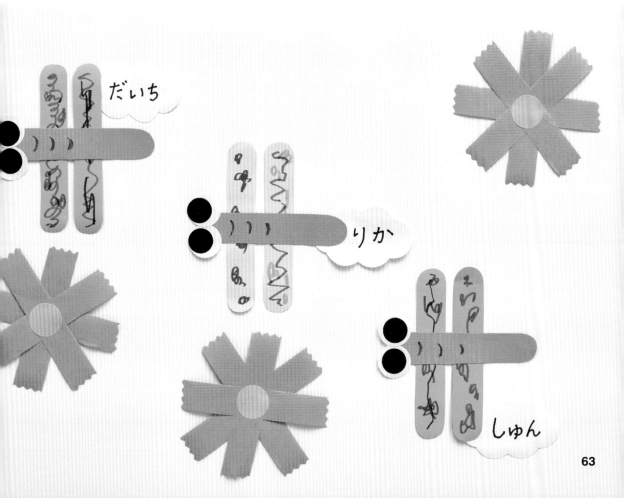

だいち

りか

しゅん

63

ぐるぐるブドウ

2歳から **スタンプ**

あそびのねらい

巻いた綿ロープが、ぐるぐるの模様になることを楽しみながら、ブドウの粒をイメージしてスタンプを押します。

準備 **型紙▶ P.135**

材料：画用紙・紙テープ・乳酸菌飲料の容器・綿ロープ・写真
道具：絵の具

作り方

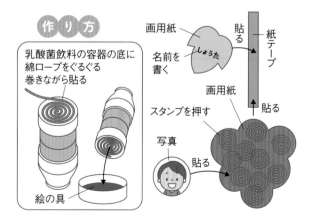

乳酸菌飲料の容器の底に綿ロープをぐるぐる巻きながら貼る

絵の具

画用紙
名前を書く
しょうた
貼る
紙テープ

スタンプを押す
画用紙
貼る
写真
貼る

たいち

飾り方アイデア

ブドウ畑に遊びに来たネコたち。動物をプラスして、にぎやかで動きのある壁面飾りにします。

しょうた

るい

綿ロープは、余白がないようにしっかりと巻いて木工用接着剤で貼ると、きれいなぐるぐるの模様になります。

ぺったん！
グルグルだ〜！

おばあちゃん
だいすき.
あやの

敬老の日プレゼント
ハートの写真立て

0 歳から　　シール

あそびのねらい

好きなところにシールを貼ることを楽しみ、自分の作った作品が人を喜ばせることを経験します。

準備　型紙 ▶ P.135

材料：片段ボール・丸シール・画用紙・写真

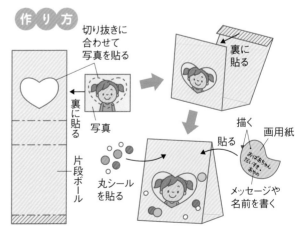

作り方

切り抜きに合わせて写真を貼る

裏に貼る

写真

裏に貼る

片段ボール

裏に貼る

描く

貼る

画用紙

おばあちゃん
だいすき.
あやの

丸シールを貼る

メッセージや名前を書く

66

敬老の日プレゼント
写真入りリンゴカード

2 歳から　　**お花紙**

準備 型紙 ▶ P.136

材料：画用紙・工作用紙・お花紙・写真・両面テープ

あそびのねらい

お花紙をたくさん丸める動きを楽しみ、両面テープにつけ、ふわふわのリンゴを作ります。

作り方

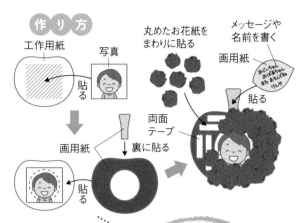

工作用紙　写真　貼る

丸めたお花紙をまわりに貼る

メッセージや名前を書く　画用紙

おじいちゃんおばあちゃんまた あそんでねけんや

貼る

画用紙　貼る

裏に貼る

両面テープ

楽しいね！

おじいちゃんおばあちゃんまた あそんでねけんや

67

染め紙の葉っぱ

0歳から　染め紙

あそびのねらい

絵の具の色が、まざったり、にじんで広がったりすることを知り、紅葉した葉っぱを作ります。

準備 型紙▶ P.136

材料：障子紙
道具：絵の具

作り方

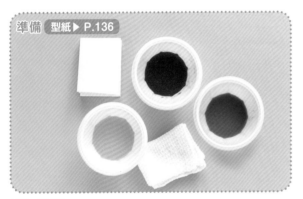

折る　障子紙　絵の具

切る　開く

ピンキングはさみで切る

画用紙　名前を書く
描く　貼る　貼る

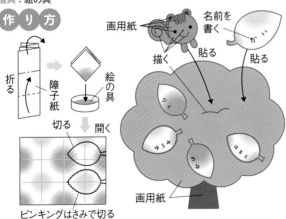

画用紙

飾り方アイデア

紅葉した秋の森をイメージして、みんなで作った葉っぱをさまざまな向きで貼りましょう。

みく

ひろ

かい

そいか

はると

しゅんたろう

ありあ

●製作のポイント

乾いた障子紙を子ども
に渡して、紙を広げる
楽しさを味わったり、
色の染まり具合を観察
したりします。

どんな色に
なったかな？

秋の大収穫

② 歳から

クレヨン
絵の具
折り紙
貼る

サンマ

準備 型紙 ▶ P.136

材料：画用紙・キッチンペーパーの芯・丸シール
道具：クレヨン

あそびのねらい

製作あそびを通して、秋が旬の魚や野菜、果物を
知り、見立てて作ることを楽しみます。

作り方

丸シール
貼る
描く
貼る　描く
画用紙　描く　キッチンペーパーの芯
描く
貼る
画用紙

カボチャ

準備

材料：新聞紙・ビニール袋・段ボール・ビニールテープ
マスキングテープ
道具：絵の具

クリ

準備

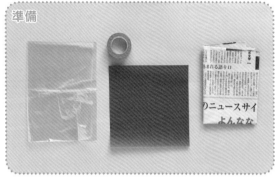

材料：折り紙・ビニール袋・マスキングテープ・新聞紙

ナシ

準備

材料：新聞紙・折り紙・ビニール袋・マスキングテープ・モール

カキ

準備 型紙 ▶ P.136

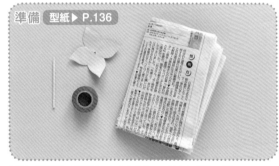

材料：新聞紙・画用紙・つまようじ・マスキングテープ

丸めた片段ボール
ビニールテープを巻く
マスキングテープをきつく巻きくぼませる
丸めた新聞紙に絵の具を塗りビニール袋に入れる

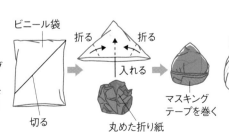

ビニール袋
折る 折る
入れる
切る
丸めた折り紙
マスキングテープを巻く

モールにマスキングテープを巻く
貼る
丸めた新聞紙を2色の折り紙で包んでビニール袋に入れる

穴を開ける
画用紙
差し込んで貼る
つまようじ
丸めた新聞紙にマスキングテープを巻く

ハロウィン変身アイテム
ネコ耳おめん / 水玉スカート / カボチャバッグ

1 歳から

シール
クレヨン

あそびのねらい

自分が製作したものを身につけたり、持ち歩いたりする楽しさを味わいます。

ネコ耳おめん

カボチャバッグ

水玉スカート

バッグを持って
おでかけしよう!

製作のポイント

スカートのポリ袋は広げた状態でシールを貼った後に、子どものサイズに調節して仕上げます。

72

ネコ耳おめん

水玉スカート

カボチャバッグ

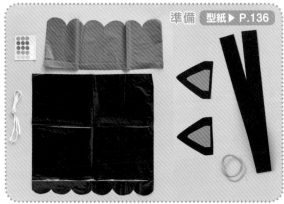

準備 **型紙▶ P.136**

材料：画用紙・丸シール・輪ゴム・ポリ袋・平ゴム

準備 **型紙▶ P.136**

材料：画用紙・丸シール・リボン
道具：クレヨン

作り方

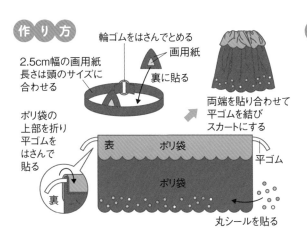

2.5cm幅の画用紙
長さは頭のサイズに
合わせる

輪ゴムをはさんでとめる

画用紙

裏に貼る

両端を貼り合わせて
平ゴムを結び
スカートにする

ポリ袋の
上部を折り
平ゴムを
はさんで
貼る

表 ポリ袋

ポリ袋

平ゴム

裏

丸シールを貼る

作り方

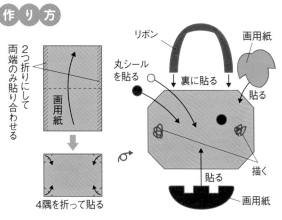

2つ折りにして
両端のみ貼り合わせる

画用紙

4隅を折って貼る

リボン

画用紙

丸シール
を貼る

裏に貼る

貼る

描く

貼る

画用紙

ハロウィン変身アイテム
カボチャおめん / カボチャパンツ / ネコバッグ

2歳から 手形シール のり貼り

あそびのねらい

カボチャやネコをイメージしながら製作し、仮装することを楽しみます。

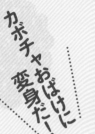
カボチャおばけに変身だ！

カボチャおめん

カボチャパンツ

ネコバッグ

製作のポイント

保育者が援助して作るところも子どもに見せ、少しずつ仕上がっていく過程で、ワクワクする期待感を育みます。

準備 型紙▶ P.136

材料：画用紙・モール・輪ゴム
道具：絵の具

作 り 方

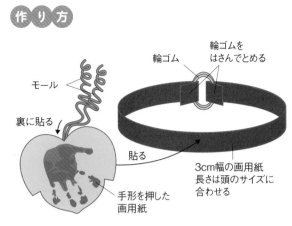

モール

裏に貼る

手形を押した
画用紙

輪ゴム

輪ゴムを
はさんでとめる

貼る

3cm幅の画用紙
長さは頭のサイズに
合わせる

準備

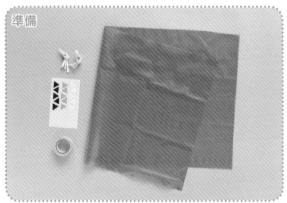

材料：ポリ袋・ビニールテープ・平ゴム

作 り 方

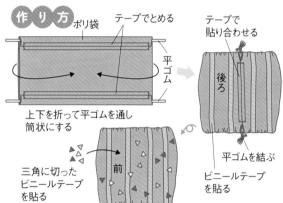

ポリ袋
テープでとめる
平ゴム

上下を折って平ゴムを通し
筒状にする

三角に切った
ビニールテープ
を貼る

前

テープで
貼り合わせる

後ろ

平ゴムを結ぶ

ビニールテープ
を貼る

準備 型紙▶ P.136

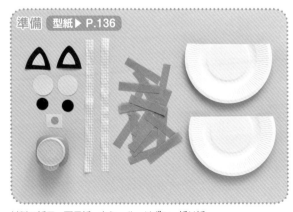

材料：紙皿・画用紙・丸シール・リボン・折り紙
道具：のり

作 り 方

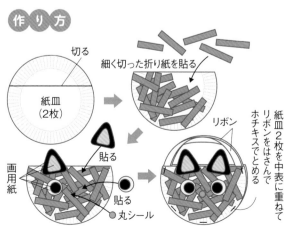

切る

紙皿
（2枚）

細く切った折り紙を貼る

画用紙

貼る

丸シール

貼る

リボン

紙皿2枚を中表に重ねて
リボンをはさんで
ホチキスでとめる

ハロウィン変身アイテム
おばけスタイ

0 歳から　**シール**

おばけだぞ～

あそびのねらい

自由に星のシールを貼り、自分が製作したものを身につけることを楽しみます。

準備　型紙▶ P.137

材料：ポリ袋・画用紙・シール・平ゴム

作り方

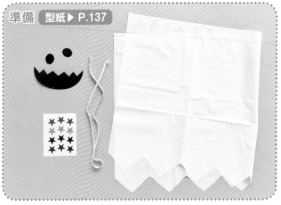

ポリ袋の上部を折り込み
平ゴムを通して結ぶ

平ゴム

ポリ袋

後ろは
貼り合わせない

画用紙

貼る

シールを
貼る
☆
☆

前

くしゃくしゃさつまいも

0歳から　折り紙

あそびのねらい

折り紙をくしゃくしゃにする感触を味わいながら、旬の野菜であるさつまいもに親しみます。

準備　型紙 ▶ P.137

材料：折り紙・画用紙・紙テープ・写真

作り方

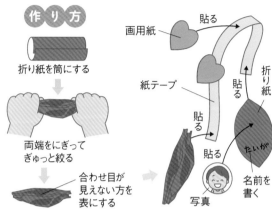

折り紙を筒にする

両端をにぎってぎゅっと絞る

合わせ目が見えない方を表にする

画用紙　貼る

紙テープ　折り紙　貼る

貼る　貼る

たいが

写真　名前を書く

たいが

まい

ひかる

ふっくらさつまいも

2 歳から　絵の具

型紙▶ P.137

準備 型紙▶ P.137

材料：新聞紙・傘袋・画用紙・紙テープ
道具：刷毛・絵の具

あそびのねらい

さつまいもに親しみをもち、大きな刷毛を使って、思い切り絵の具を塗る体験をします。

作り方

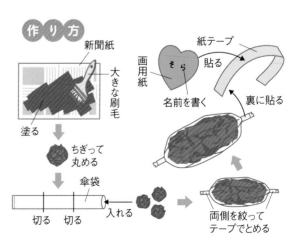

新聞紙

大きな刷毛

塗る

↓

ちぎって丸める

↓

傘袋

切る　切る　入れる

両側を絞ってテープでとめる

紙テープ
貼る

画用紙

そら

名前を書く

裏に貼る

りんごと洋なしのつるし飾り

1歳から　シールクレヨン

あそびのねらい

りんごや洋なしに興味をもち、シールを貼ったり、描いたりして作ります。

準備　型紙▶ P.137

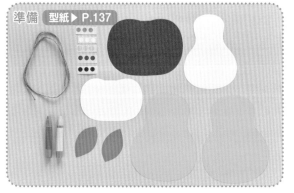

材料：画用紙・丸シール・麻ひも・両面テープ
道具：クレヨン

作り方

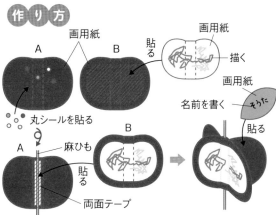

画用紙
A　B　貼る
画用紙
描く
画用紙
名前を書く　そうた
貼る
丸シールを貼る
A　麻ひも
B
貼る
両面テープ

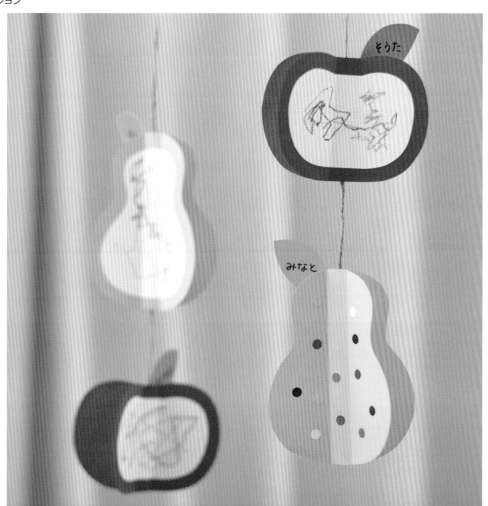

そうた

みなと

11月

しっぽが大きいリス

2歳から　お花紙のり貼り

あそびのねらい

リスという動物を知り、お花紙をしっぽに見立てて表現する楽しさを味わいます。

準備 型紙▶ P.137

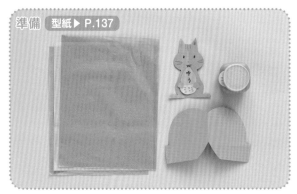

材料：画用紙・お花紙
道具：のり

作り方

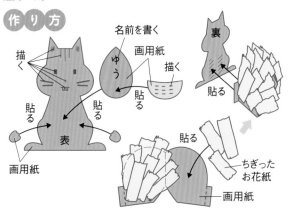

描く
名前を書く
画用紙
ゆう
描く
貼る
裏
貼る

貼る
貼る
表
画用紙

貼る
ちぎったお花紙
画用紙

**飾り方アイデア**

どんぐりやまつぼっくりなど、季節の自然物と一緒に飾ってもかわいいですね。

製作のポイント

しっぽのふわふわを表
現するために、お花紙
は画用紙いっぱいに貼
るよう援助します。

リスさんのしっぽ
ふわふわだよ！

どんな
ハリネズミに
なるかな?!

チクチク ハリネズミ

0 歳から　　貼る

あそびのねらい

三角の形を認識しながら、様々な色や柄の折り紙を選び、ねらった場所に貼る楽しさを感じます。

準備 型紙 ▶ P.138

材料：画用紙・折り紙・柄折り紙・両面テープ

作り方

画用紙

貼る

描く

貼る

貼る

貼る

折り紙や
柄折り紙

両面テープ

貼る

裏に貼る

画用紙

カラフルきのこ

1 歳から　　のり貼り

あそびのねらい

紙をつめたり、やぶったり、貼ったりと、さまざまに手を動かしながら、自分だけのきのこを作ります。

準備　型紙▶P.138

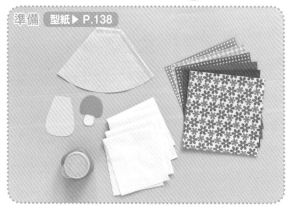

材料：コーヒーフィルター・折り紙・柄折り紙・画用紙・ティッシュペーパー
道具：のり

作り方

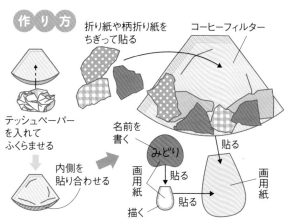

折り紙や柄折り紙をちぎって貼る

コーヒーフィルター

テッシュペーパーを入れてふくらませる

内側を貼り合わせる

名前を書く

みどり

貼る

画用紙

貼る

描く

貼る

画用紙

飾り方アイデア

ミニきのこに、子どもの名前を書いて飾ってもかわいいでしょう。

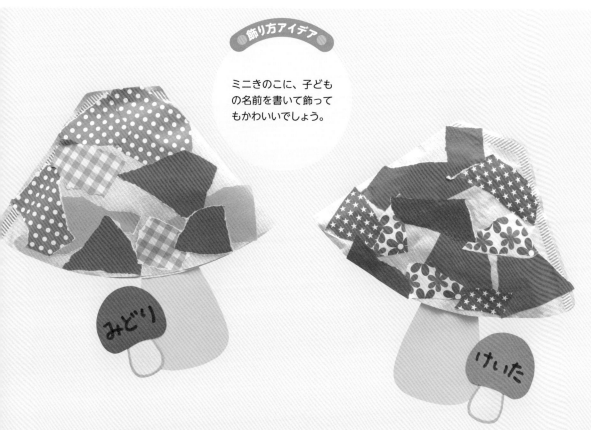

みどり

けいた

83

毛糸のどんぐり

1歳から　　**貼る**

 **飾り方アイデア**

どんぐりをさまざまな向きで飾ると、動きのがあるにぎやかな雰囲気が出せます。

あそびのねらい

毛糸の柔らかな手触りを感じながら、どんぐりに模様をつけることを楽しみます。

準備 型紙▶ P.138

材料：段ボール・画用紙・毛糸・両面テープ

作り方

細かく切った毛糸をふりかける

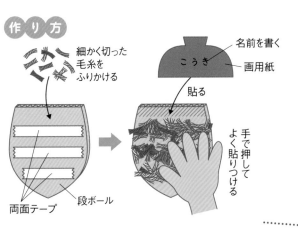

両面テープ　段ボール

名前を書く
画用紙
こうき
貼る

手で押してよく貼りつける

毛糸であったかくするよ！

84

たいち

ひかる

なつこ

製作のポイント

3本線のボーダー模様
を意識できるよう、両
面テープからはみ出し
た毛糸をはらいながら
作るとよいでしょう。

ゆらゆら みのむし

0 歳から ・ 貼る

準備 型紙 ▶ P.138

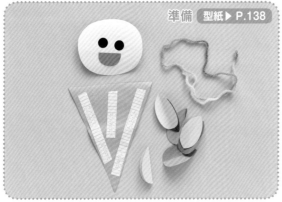

材料：画用紙・毛糸・両面テープ

あそびのねらい

好きな色の葉っぱを両面テープに貼り、できあがったみのむしを揺らして、動きも楽しみます。

作 り 方

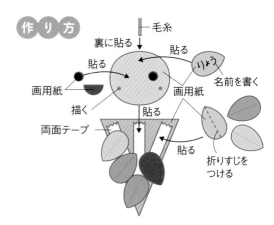

毛糸
裏に貼る
貼る
りょう
貼る
名前を書く
画用紙
画用紙
描く
両面テープ
貼る
貼る
折りすじをつける

かわいい目のフクロウ

2 歳から ・ クレヨン 貼る

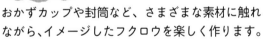

ホーホー
体を描くよ！

あそびのねらい

おかずカップや封筒など、さまざまな素材に触れながら、イメージしたフクロウを楽しく作ります。

準備 型紙 ▶ P.138

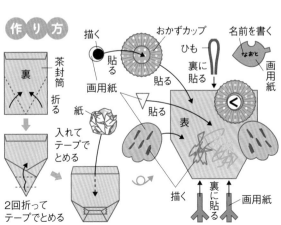

材料：茶封筒（A4）・画用紙・おかずカップ・紙・ひも
道具：クレヨン

作り方

裏 ／ 茶封筒 ／ 折る

入れてテープでとめる

2回折ってテープでとめる

描く ／ おかずカップ ／ ひも ／ 名前を書く

画用紙 ／ 貼る ／ 裏に貼る ／ なおと ／ 画用紙

紙 ／ 貼る ／ 表 ／ く

描く ／ 裏に貼る ／ 画用紙

87

キラキラクリスマスリース

2 歳から

貼る クレヨン 巻く

あそびのねらい

さまざまな色や形、素材に触れながら、クリスマスの雰囲気を味わいます。

準備　型紙▶ P.139

材料：紙皿・ホイル折り紙・折り紙・モール・丸シール
道具：クレヨン・のり

作り方

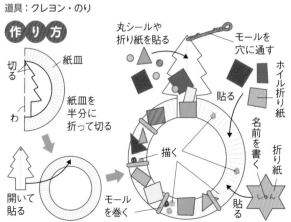

切る

紙皿

わ

紙皿を半分に折って切る

開いて貼る

モールを巻く

丸シールや折り紙を貼る

モールを穴に通す

貼る

ホイル折り紙

描く

名前を書く

折り紙

貼る

飾り方アイデア

ボン天を雪に見立てて、子どもたちが作ったリースと一緒に飾ってみましょう。

88

かいる

ほのか

しゅん

製作のポイント

モールや折り紙などに、キラキラした素材を使用したり、紙皿をクレヨンで塗ったりすると、華やかな印象になります。

たくさん
塗ろう！

指スタンプツリー

0 歳から　　指スタンプ　シール

あそびのねらい

指スタンプやシール貼りなど、指先を使ってクリスマスツリーに模様をつけます。

準備

材料：画用紙・シール・リボン
道具：絵の具

作り方

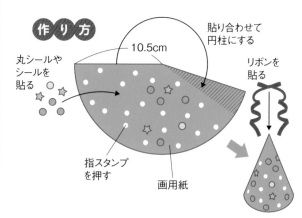

丸シールや
シールを
貼る

10.5cm

貼り合わせて
円柱にする

リボンを
貼る

指スタンプ
を押す

画用紙

型抜きクリスマスツリー

2 歳から

シール
タンポ
絵の具

あそびのねらい

絵の具やシールで自由に模様をつけた画用紙から
クリスマスツリーが現れる楽しさを経験します。

準備 型紙 ▶ P.139

材料：画用紙・丸シール・ホイル折り紙
道具：タンポ・筆・絵の具

作り方 ※タンポの作り方は P.58 を参照ください。

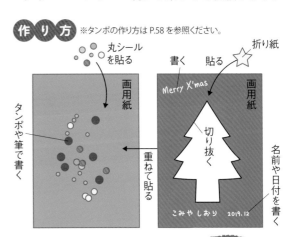

丸シールを貼る

画用紙

タンポや筆で書く

重ねて貼る

書く　貼る

折り紙

Merry X'mas

画用紙

切り抜く

こみや しおり　2019.12

名前や日付を書く

絵の具楽しいな！

Merry X'mas

こみや しおり　2019. 12

Merry X'mas

2019

しまだ はやと　2019, 12

つるしクリスマスツリー

2 歳から　シール 絵の具

あそびのねらい

絵の具やシールで模様をつけた画用紙が、立体的な
ツリーになる変化を知ります。

準備 型紙▶ P.139

材料：画用紙・丸シール・ビニールタイ・たこ糸
道具：絵の具

作り方

------- 谷折り
—・— 山折り

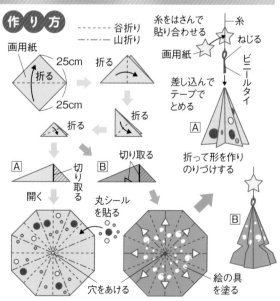

画用紙

25cm

折る

25cm

折る

折る

折る

折る

A　切り取る

開く

B　切り取る

切り取る

丸シール
を貼る

穴をあける

絵の具
を塗る

糸をはさんで
貼り合わせる

画用紙

糸

ねじる

ビニール
タイ

差し込んで
テープで
とめる

A

折って形を作り
のりづけする

B

お花紙雪だるま

0 歳から　　お花紙

準備　型紙 ▶ P.139

材料：紙皿・お花紙・画用紙・リボン・紙モール・麻ひも・両面テープ

あそびのねらい

お花紙をくしゃくしゃに丸め、さらにそれを
貼って、雪だるまに仕上げる過程を楽しみます。

作り方

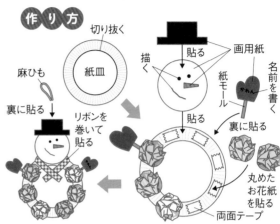

切り抜く　　紙皿

描く　　貼る　　画用紙

名前を書く

かれん

裏に貼る

麻ひも

裏に貼る

リボンを
巻いて
貼る

紙モール

丸めた
お花紙
を貼る

両面テープ

くしゃくしゃ楽しいな！

しゅん

かやん

赤い服のサンタさん

0 歳から　シール

あそびのねらい

サンタさんに親しみをもち、曲面にシールを貼り赤い服にすることを楽しみます。

準備 型紙▶ P.140

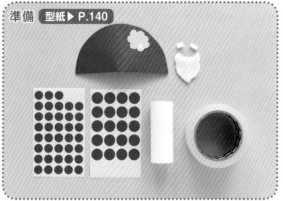

材料：トイレットペーパーの芯・画用紙・キルト芯・丸シール・透明テープ

作り方

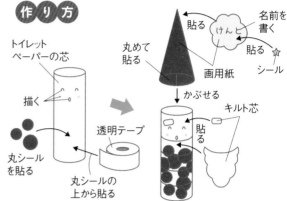

トイレットペーパーの芯

描く

丸シールを貼る

透明テープ

丸シールの上から貼る

丸めて貼る

画用紙

名前を書く

貼る

貼る　シール

けんと

かぶせる

キルト芯

貼る

足形トナカイカード

2歳から　足形

あそびのねらい

自分の足形がトナカイになることを喜び、クリスマスカードを作ります。

準備

材料：画用紙・リボン・マスキングテープ
道具：クレヨン・絵の具

作り方

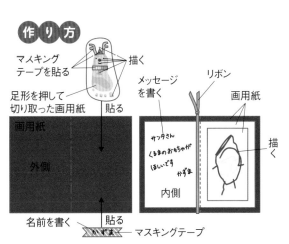

マスキングテープを貼る　描く

足形を押して切り取った画用紙　貼る

画用紙

外側

名前を書く　貼る

メッセージを書く　リボン　画用紙

サンタさん
くるまのおもちゃが
ほしいです
かずま

描く

内側

かずま　マスキングテープ

95

お花紙リース

0 歳から　　お花紙

準備　型紙 ▶ P.140

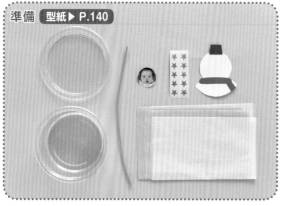

材料：ふた付き透明カップ・お花紙・画用紙・シール・モール・写真

あそびのねらい

お花紙をくしゃくしゃにして、カップに詰める動きを楽しみ、それがリースになることを喜びます。

作り方

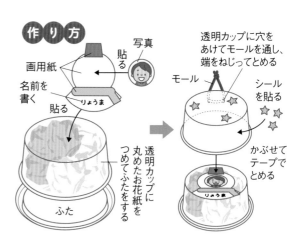

写真
貼る

画用紙

名前を書く

貼る

透明カップに丸めたお花紙をつめてふたをする

ふた

透明カップに穴をあけてモールを通し、端をねじってとめる

モール

シールを貼る

かぶせてテープでとめる

紙粘土の南天

2 歳から

紙粘土
染め紙

あそびのねらい

南天という植物に興味をもち、紙粘土を丸めます。染め紙でさまざまな模様の葉ができることも体験します。

準備 型紙▶ P.140

材料：紙粘土・画用紙・障子紙・紙コップ・折り紙・ペーパータオル
道具：霧吹き・水性ペン・絵の具

作り方

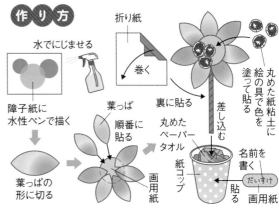

水でにじませる

障子紙に水性ペンで描く
↓
葉っぱの形に切る

折り紙
巻く

葉っぱ
順番に貼る
裏に貼る

画用紙

丸めたペーパータオル

差し込む

丸めた紙粘土に絵の具で色を塗って貼る

名前を書く

紙コップ

だいすけ
貼る
画用紙

だいすけ

あい

97

1月

お花紙の鏡餅

0 歳から　　**お花紙**

あそびのねらい

お花紙を丸める感触を味わいながら、ダイダイと鏡餅の大きさの違いも認識します。

準備

材料：お花紙・ティッシュペーパー・千代紙・セロハンテープ

作り方

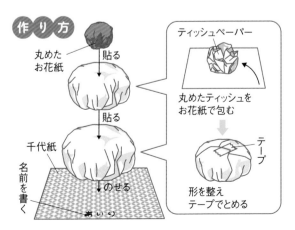

丸めた
お花紙

貼る

貼る

千代紙

名前を書く

あいり

のせる

ティッシュペーパー

丸めたティッシュを
お花紙で包む

テープ

形を整え
テープでとめる

飾り方アイデア

牛乳パックを土台にして作った角松を一緒に飾ったり、キラキラの折り紙を背景に貼ったりしても素敵です。

98

こっちが
小さいね！

製作のポイント

鏡餅とダイダイを作る
過程で、「大きいね」「小
さいね」と、大きさの
違いを意識できるよう
な言葉をかけるとよい
でしょう。

消しゴムスタンプ獅子舞

2 歳から ・ スタンプ

パクパク
された〜

あそびのねらい

布の感触を味わいながら、消しゴムスタンプを押して、
自分の獅子を作ることを楽しみます。

準備 型紙 ▶ P.140

材料：布・封筒（長40）・画用紙
道具：クレヨン・消しゴムスタンプ・スタンプ台

作り方

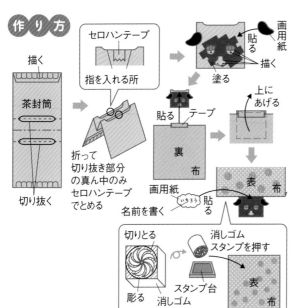

描く

セロハンテープ

指を入れる所

画用紙

貼る

描く

塗る

茶封筒

折って
切り抜き部分
の真ん中のみ
セロハンテープ
でとめる

切り抜く

貼る テープ

裏 布

上に
あげる

画用紙

名前を書く

いろいろ

表 布

貼る

切りとる

彫る

スタンプ台

消しゴム

消しゴム
スタンプを押す

表 布

飾り方アイデア

棚などに置き、お正月
遊びで使ったコマなど
を一緒に飾ってもよい
でしょう。

いちろう

みい

製作のポイント

スタンプは布からすぐに離さずに「1、2、3、4、5」と数えて押すことを伝えましょう。十分にインクがつきます。

模様がついた！

ペタペタ羽子板

2
歳から　のり貼り

準備　型紙 ▶ P.140

あそびのねらい

丸、三角、四角、などの形の違いを意識しながら、羽子板の飾りを貼ることを楽しみます。

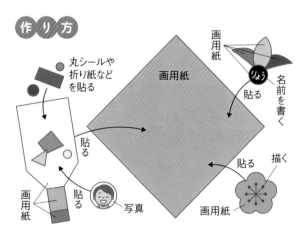

作り方

丸シールや
折り紙など
を貼る

画用紙

画用紙

名前を書く

貼る

貼る

貼る

描く

画用紙

画用紙

写真

貼る

画用紙

材料：画用紙・折り紙・千代紙・丸シール・写真
道具：のり

ひもで飾るコマ

1 歳から　　**貼る**

あそびのねらい

色とりどりの綿テープをコマに貼りながら、コマ回しに興味をもちます。

準備 型紙▶ P.140

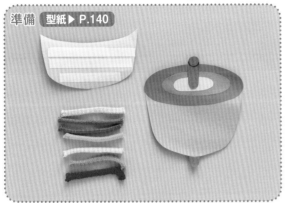

材料：画用紙・綿ロープ・両面テープ

作り方

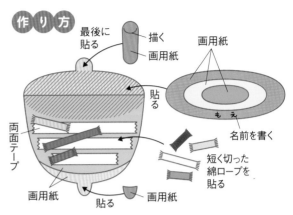

最後に貼る
描く
画用紙
画用紙
貼る
名前を書く
両面テープ
短く切った綿ロープを貼る
画用紙
貼る
画用紙

ふわふわ手袋

1歳から **貼る**

あそびのねらい

毛糸の感触を味わいながら、両面テープの上に貼ることを楽しみます。

準備 **型紙▶ P.140**

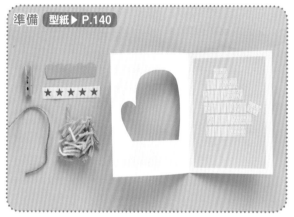

材料：画用紙・毛糸・シール・麻ひも・両面テープ
道具：クリップ

作り方

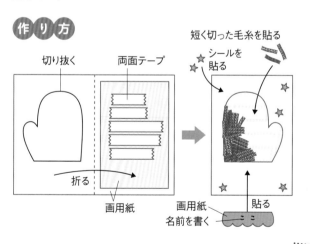

切り抜く　両面テープ

折る

画用紙

短く切った毛糸を貼る

シールを貼る

画用紙
名前を書く

ここ

貼る

あいか

顔手袋だよ！

飾り方アイデア

作品を並べてつり下げ、ガーランドのように飾ってもステキです。

こうた

こ こ

製作のポイント

画用紙を閉じたり開いたりして、手袋が毛糸で埋まっていく変化を確めながら作ります。

少しずつ毛糸を増やしていくよ！

雪の結晶

2歳から　**はさみ**

準備

材料：折り紙・ホイル折り紙・画用紙・写真・ひも
道具：はさみ

あそびのねらい

折った紙の一部を切って、広げたら美しい模様になることを喜びます。

作り方

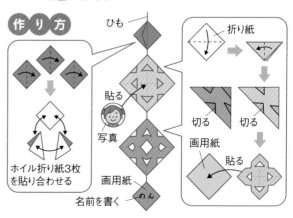

ひも

貼る

写真

ホイル折り紙3枚を貼り合わせる

画用紙

名前を書く

折り紙

切る　切る

画用紙

貼る

106

準備 型紙▶ P.141

あそびのねらい

くまさんのために、マフラーにペンやクレヨンで好きな模様を描いて楽しみます。

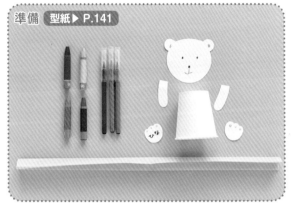

1 歳から

ペン クレヨン

材料：お花紙・紙コップ・画用紙
道具：水性ペン・クレヨン

作り方

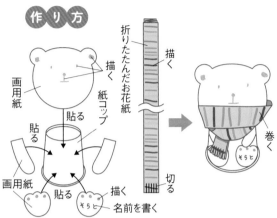

折りたたんだお花紙　描く

画用紙　描く

紙コップ

貼る

貼る

画用紙　貼る　描く

名前を書く

切る

巻く

折り紙オニ

2 歳から

クレヨン
折り紙

あそびのねらい

折り紙を折ったり、顔や服に模様をつけたりして、自分のオニを作ります。

準備 型紙▶ P.141

材料：折り紙・お花紙・画用紙・丸シール
道具：クレヨン

作り方

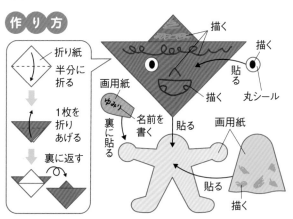

折り紙
半分に
折る

1枚を
折り
あげる

裏に返す

描く

描く

貼る
丸シール

画用紙

ゆみり
名前を
書く
裏に貼る

貼る

画用紙

貼る

描く

飾り方アイデア

オニ同士が話しているように並べるなど、全体からストーリーが想像できるような構図を意識します。

れのあ

けいた

しゅん

豆も作ろう！

上にあげて折ると
ツノになるね！

製作のポイント

折り紙を折る際は保育
者が側につき、折り方
を楽しい言葉で丁寧に
伝えるようにしましょ
う。

オニの
帽子だ！

指スタンプのツノ

0歳から　指スタンプ

あそびのねらい

指スタンプを楽しみ、ツノをつけてオニになることを喜びます。

準備　型紙▶ P.141

材料：画用紙・毛糸
道具：絵の具

作り方

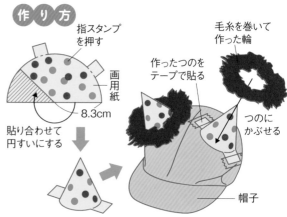

指スタンプ
を押す

毛糸を巻いて
作った輪

作ったつのを
テープで貼る

画用紙

8.3cm

貼り合わせて
円すいにする

つのに
かぶせる

帽子

110

くしゃくしゃオニ帽子

1 歳から　色画用紙

あそびのねらい

ビニール袋に、くしゃくしゃにした画用紙をつめ、
かぶるオニ帽子を作ります。

準備　型紙▶ P.141

材料：ビニール袋・画用紙・輪ゴム・毛糸・平ゴム

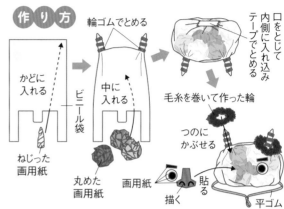

作り方

かどに入れる

ねじった画用紙

ビニール袋

中に入れる

丸めた画用紙

輪ゴムでとめる

口をとじて内側に入れ込みテープでとめる

毛糸を巻いて作った輪

つのにかぶせる

画用紙

描く

貼る

平ゴム

ぼくが作った
オニさんだよ！

製作のポイント

力を込める感覚が意識
できるよう、「ギュッ
としてみようね」など、
言葉をかけましょう。

オニのおめん

2歳から　　絵の具

あそびのねらい

絵の具でダイナミックに色を塗った、オニのおめんを作ります。

準備　型紙▶ P.141

材料：厚紙・画用紙・金色の紙・カラーポリ袋・輪ゴム
道具：クレヨン・絵の具

作り方

描く　塗る

厚紙

切る　　切り抜く

穴をあける

裏

貼る　　　貼る

画用紙

貼る

貼る

画用紙

たたんだ画用紙に輪ゴムを巻きつけてストッパーにするとあごが動かせる

穴に輪ゴムを通して結んでとめる

ちぎった色紙を輪にする

貼る

描く

貼る　画用紙

輪ゴムをつけてホチキスでとめる

カラーポリ袋

上と下のみ貼ると、あごが動くと赤い口の中が見える

口が開くよ！

オニになっちゃった！

オニの豆入れ

2歳から　貼る

あそびのねらい

カップにマスキングテープを貼って、豆入れを作り、それを使って豆まきを楽しみます。

準備　型紙▶ P.142

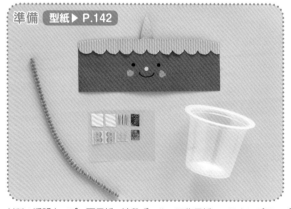

材料：透明カップ・画用紙・波段ボール・工作用紙・マスキングテープ
キラキラテープ・モール

作り方

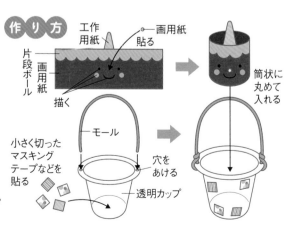

工作用紙　画用紙　貼る
片段ボール
画用紙
描く

筒状に丸めて入れる

小さく切ったマスキングテープなどを貼る

モール

穴をあける

透明カップ

113

紙粘土の白うさぎ

1歳から **紙粘土**

あそびのねらい

紙粘土の感触を味わいながら、こねたり、丸めたりといったさまざまな手の動きで白うさぎを作ります。

準備 **型紙▶ P.142**

材料：軽量紙粘土・画用紙・ビーズ・千代紙

作り方

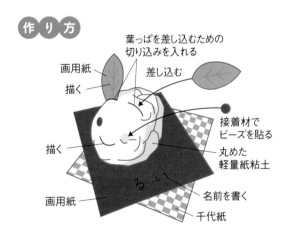

葉っぱを差し込むための
切り込みを入れる

画用紙

描く

差し込む

描く

画用紙

名前を書く

千代紙

接着材で
ビーズを貼る

丸めた
軽量紙粘土

飾り方アイデア

千代紙と画用紙を少しずらして、その上に白うさぎを置き、おしゃれに飾ってみましょう。

どんな形に
なるかな？

見て見て！
白うさぎができたよ！

製作のポイント

紙粘土の形を変えて
いく楽しさを十分に味
わってからうさぎ作り
へ移ります。

和紙のツバキ

1 歳から **貼る**

あそびのねらい

画用紙とは違う和紙の質感を確めながら、のりを貼り、ツバキ作りを楽しみます。

準備 型紙 ▶ P.142

材料：和紙・画用紙・毛糸・綿ロープ
道具：のり

作り方

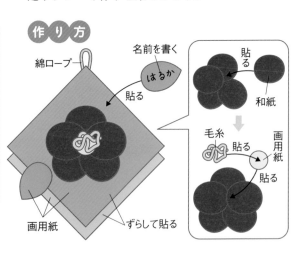

綿ロープ

名前を書く
はるか

貼る

貼る
和紙

毛糸
貼る

画用紙
貼る

ずらして貼る

画用紙

あそびのねらい

紙粘土、スパンコール、画用紙、毛糸など、さまざまな素材の感触の違いを体験して、イメージをふくらませてチョコレートを作ります。

準備　型紙▶P.142

材料：紙粘土・柄つき紙カップ・画用紙・毛糸・スパンコール・紙パッキン・紙モール・レースペーパー

作り方

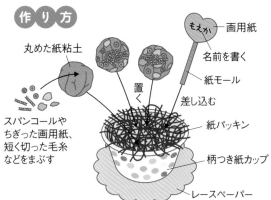

丸めた紙粘土

スパンコールやちぎった画用紙、短く切った毛糸などをまぶす

置く

もえか ── 画用紙

名前を書く

紙モール

差し込む

紙パッキン

柄つき紙カップ

レースペーパー

染め紙おひなさま

2 歳から　　染め紙

あそびのねらい

ペンで描いたところに霧吹きで水をかけ、にじむ楽しさを味わいます。

準備　型紙▶ P.142

材料：キッチンペーパー・画用紙・工作用紙・ミラーテープ・モール
道具：霧吹き・水性ペン

作り方

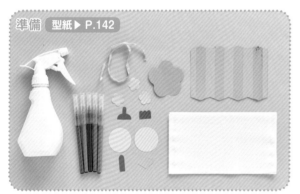

キッチンペーパーに水性ペンで描く

→ 水でにじませる

→ モール
じゃばら折りして中央をモールでしばる

→ 片側の側面を貼り合わせる

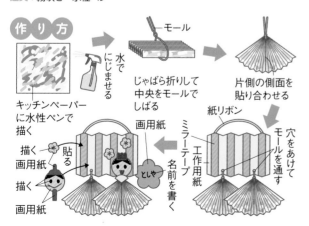

描く
画用紙
貼る
描く
画用紙
描く
画用紙

← 画用紙
紙リボン
ミラーテープ
工作用紙
名前を書く
穴をあけてモールを通す
としや

飾り方アイデア

おひなさまの背景のびょうぶの一部に、キラキラテープを入れると、華やかさがアップします。

118

にじんだ模様が
おもしろいね！

みく

としや

わぁ！きれい！

おひなさまの服はしっ
かりと裾を開き、きれ
いな模様を見せて飾り
ましょう。

しんや

みずき

指スタンプおひなさま

0
0歳から　指スタンプ

あそびのねらい

指スタンプを楽しみ、自分の写真がおひなさまになることを喜びます。

準備　型紙 ▶ P.142

材料：画用紙・千代紙・写真・リボン
道具：のり・絵の具

作り方

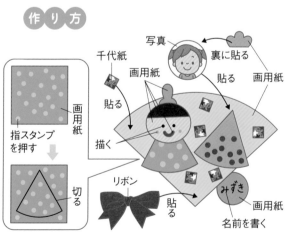

千代紙
画用紙
指スタンプを押す
切る

写真
裏に貼る
貼る
画用紙
画用紙
貼る
描く
リボン
貼る
みずき
画用紙
名前を書く

120

準備 型紙 ▶ P.143

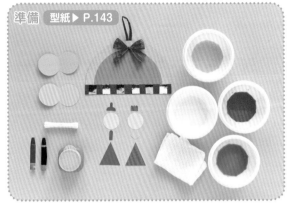

材料：画用紙・工作用紙・ミラーテープ・紙ひも・綿棒・セロハンテープ
道具：のり・クレヨン・絵の具

あそびのねらい

束ねた綿棒を使ってスタンプし、おひなさまの着物の模様を作ります。

作り方

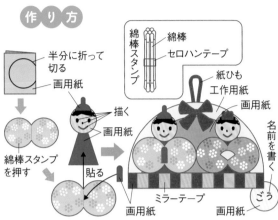

綿棒スタンプ ← 綿棒
セロハンテープ

半分に折って切る
画用紙

描く
画用紙

綿棒スタンプを押す

貼る

画用紙

紙ひも
工作用紙
画用紙
名前を書く
ごう
ミラーテープ
画用紙
画用紙

ごう

ゆりえ

菜の花スタンプ

2歳から　スタンプ

あそびのねらい

「ポン」「ペタ」などの擬音を声に出しながら模様をつけ、菜の花に親しみをもちます。

準備 型紙 ▶ P.143

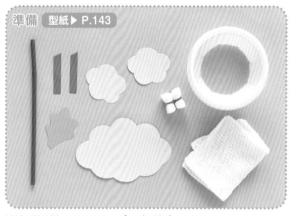

材料：画用紙・ストロー・スポンジ・輪ゴム
道具：絵の具

作り方

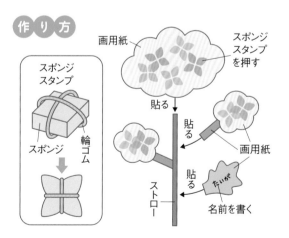

スポンジスタンプ

スポンジ　輪ゴム

画用紙

スポンジスタンプを押す

貼る

貼る

画用紙

貼る

ストロー

たいが

名前を書く

たいが

お花の模様になるねー！

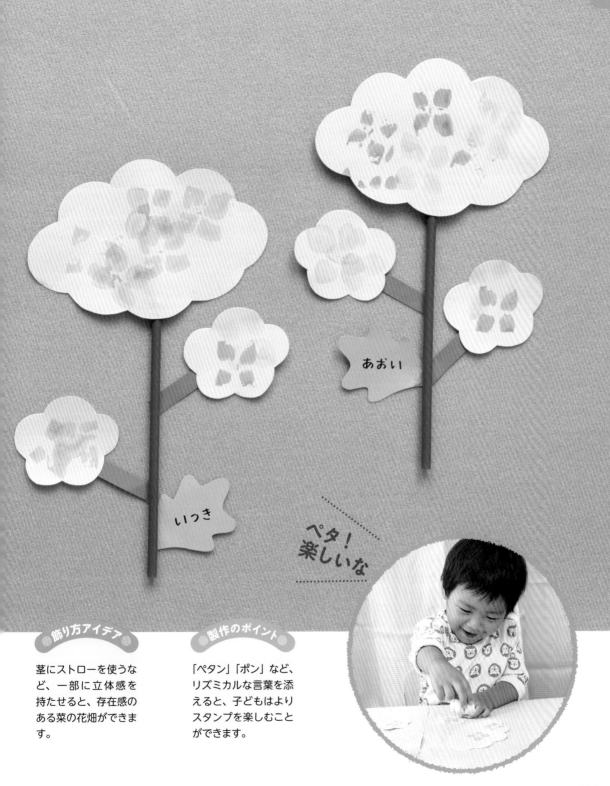

あおい

いつき

ペタ！
楽しいな

飾り方アイデア

茎にストローを使うなど、一部に立体感を持たせると、存在感のある菜の花畑ができます。

製作のポイント

「ペタン」「ポン」など、リズミカルな言葉を添えると、子どもはよりスタンプを楽しむことができます。

足形みつばちモビール

0 歳から **足形**

あそびのねらい

足に塗られた絵の具の感触を味わい、自分の足形がみつばちになることを喜びます。

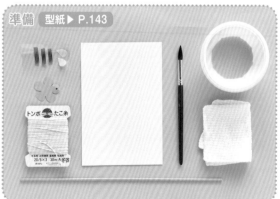

準備 型紙 ▶ P.143

材料：画用紙・マスキングテープ・たこ糸・竹ひご・ラミネート
道具：絵の具

作り方

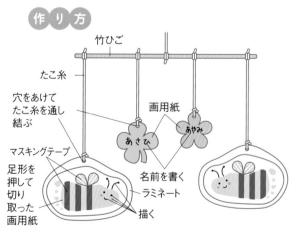

竹ひご

たこ糸

穴をあけて
たこ糸を通し
結ぶ

画用紙

名前を書く

マスキングテープ

足形を
押して
切り
取った
画用紙

ラミネート

描く

124

手形ぞうカード

0 歳から　　**手形クレヨン**

💭 **あそびのねらい**

長い紙に線を描くことを楽しみます。自分の手形のぞうを組み合わせて、カードを作ります。

準備

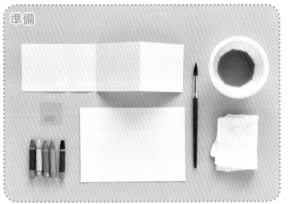

材料：画用紙・マスキングテープ
道具：クレヨン・絵の具

作り方

描く　　　　画用紙

貼る　　マスキングテープ
描く
描く
手形を押した画用紙

名前を書く　　みさき
貼る

どんどん
のびるぞう！

みさき

0歳から　シール

シールで模様をつけることを楽しみながら、テントウムシに親しみます。

準備　型紙 ▶ P.143

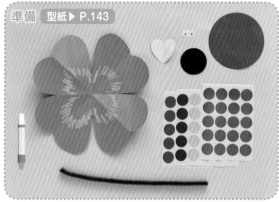

材料：画用紙・丸シール・モール
道具：クレヨン

作り方

描く　丸シール
画用紙
描く
描く
貼る
モール

描く
貼る
名前を書く
画用紙
はるか

画用紙
切る

だいき
りお
はるか

丸をたくさんペタン！
何色がいいかな？

126

お絵描き立体気球

1 歳から ・ クレヨン

☁ **あそびのねらい**

クレヨンで線を描く楽しさを感じながら、本の
ようにめくれる気球に触れます。

準備 型紙 ▶ P.143

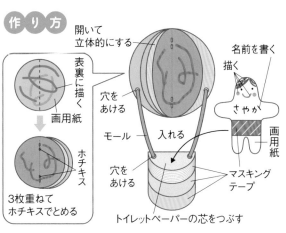

作り方

開いて
立体的にする

表裏に描く

画用紙

↓

ホチキス

3枚重ねて
ホチキスでとめる

名前を書く

描く

さやか

画用紙

穴をあける

モール　入れる

穴をあける

マスキング
テープ

トイレットペーパーの芯をつぶす

材料：画用紙・トイレットペーパー芯・マスキングテープ・モール
道具：クレヨン

四つ葉のクローバー

1 歳から　**スタンプ・シール**

（あそびのねらい）

段ボールスタンプやシールなど、さまざまな素材に触れて表現する楽しさを味わいます。

準備　型紙▶ P.143

材料：画用紙・丸シール・マスキングテープ・片段ボール・写真
道具：絵の具

（作り方）

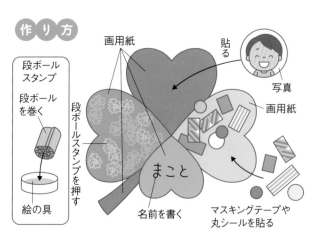

画用紙

貼る

写真

画用紙

段ボールスタンプ

段ボールを巻く

段ボールスタンプを押す

絵の具

まこと

名前を書く

マスキングテープや丸シールを貼る

型紙

好きな大きさにコピーをして、使ってください。
ーーーーー 山折り線　ー・ー・ー 谷折り線

P.8　手形のさくら

P.11　くしゃくしゃプチプチいちご

P.14　カラフル恐竜

P.12　染め紙のお花

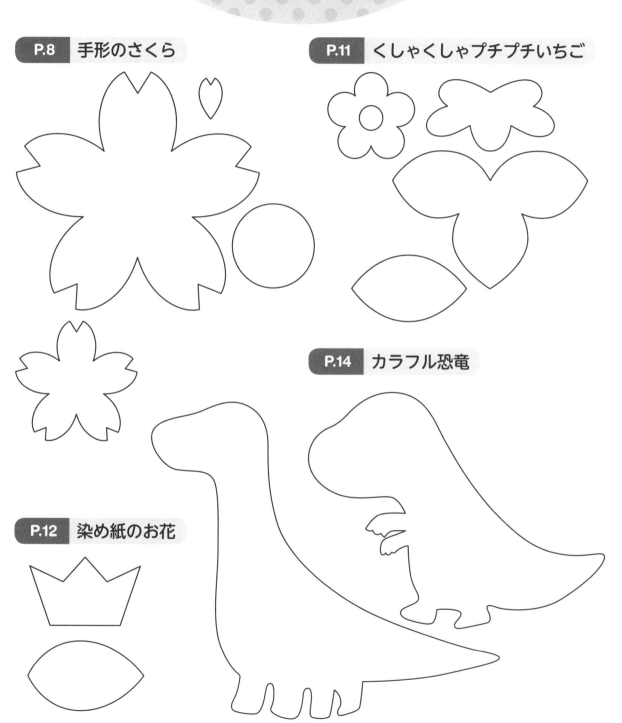

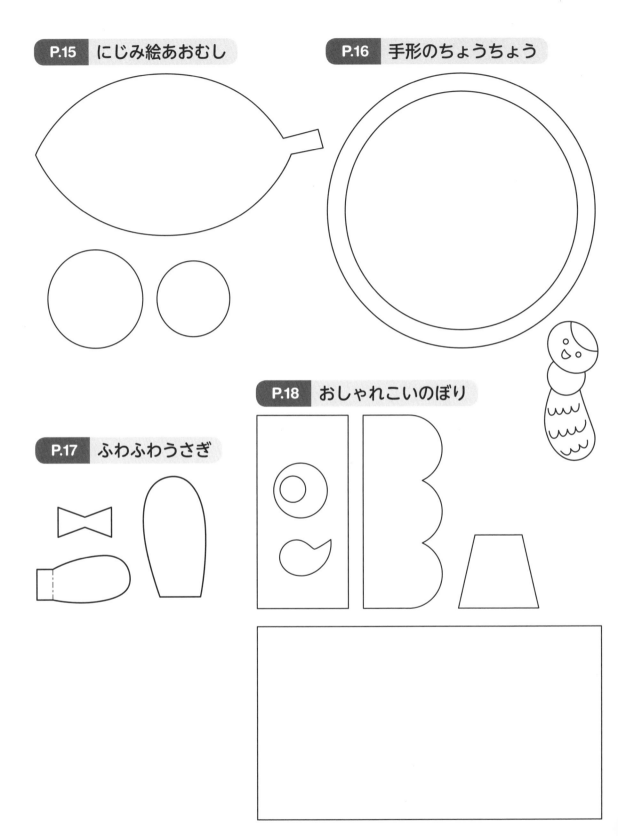

P.15 にじみ絵あおむし

P.16 手形のちょうちょう

P.17 ふわふわうさぎ

P.18 おしゃれこいのぼり

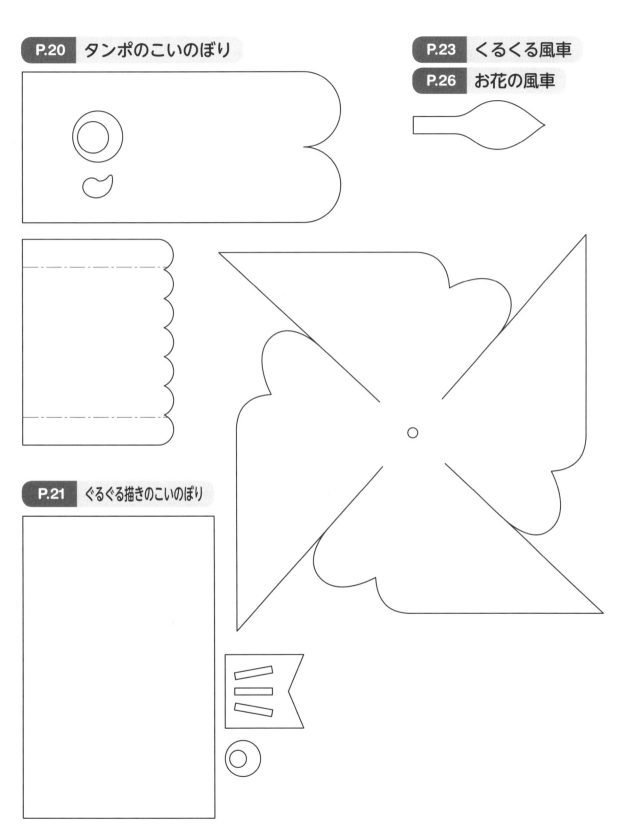

P.27 パタパタバード

P.28 スタンプあじさい

P.30 型抜きぬりぬり あじさい

P.31 ペタペタあじさい

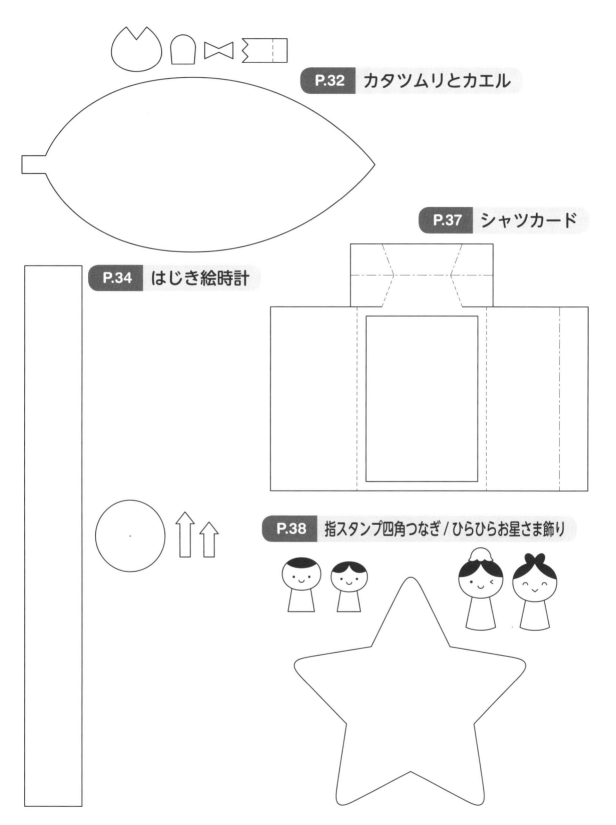

P.32 カタツムリとカエル

P.37 シャツカード

P.34 はじき絵時計

P.38 指スタンプ四角つなぎ / ひらひらお星さま飾り

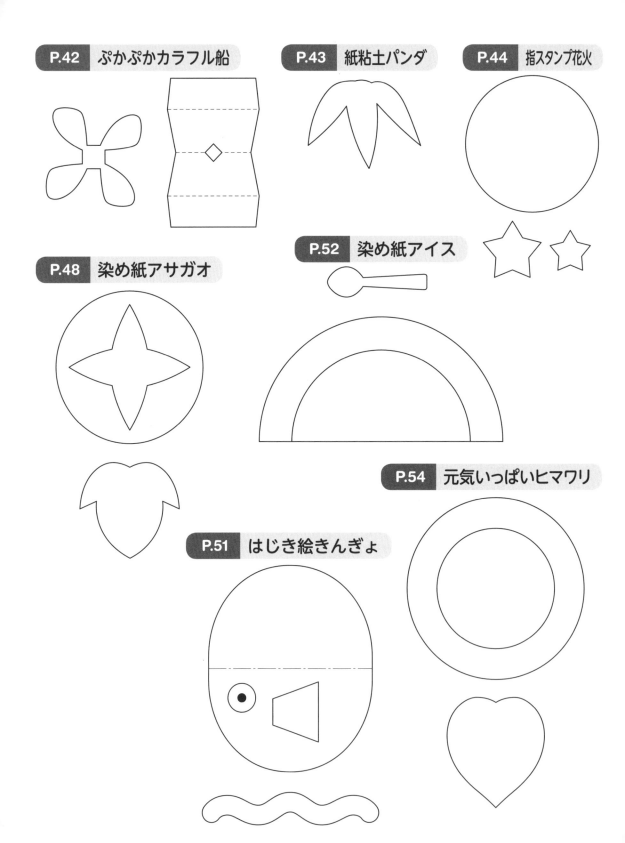

P.42 ぷかぷかカラフル船

P.43 紙粘土パンダ

P.44 指スタンプ花火

P.48 染め紙アサガオ

P.52 染め紙アイス

P.51 はじき絵きんぎょ

P.54 元気いっぱいヒマワリ

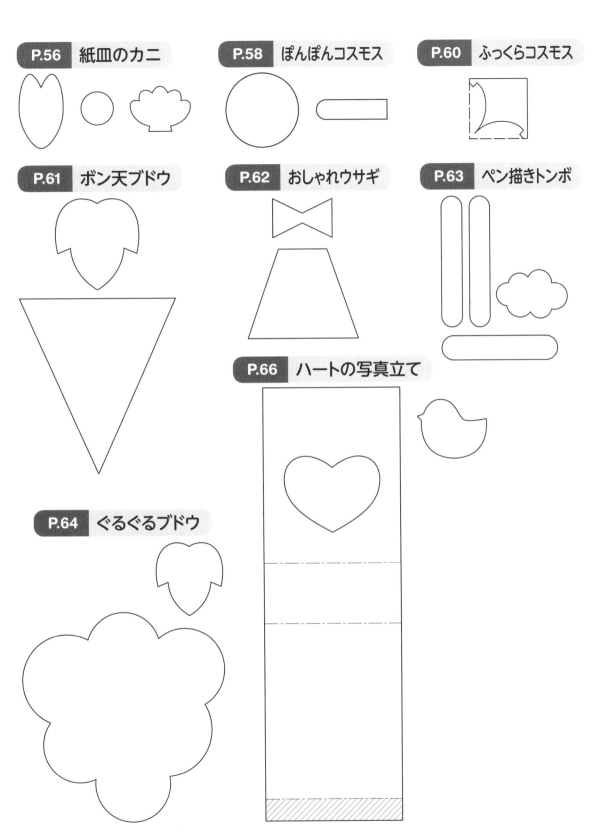

P.56 紙皿のカニ

P.58 ぽんぽんコスモス

P.60 ふっくらコスモス

P.61 ボン天ブドウ

P.62 おしゃれウサギ

P.63 ペン描きトンボ

P.66 ハートの写真立て

P.64 ぐるぐるブドウ

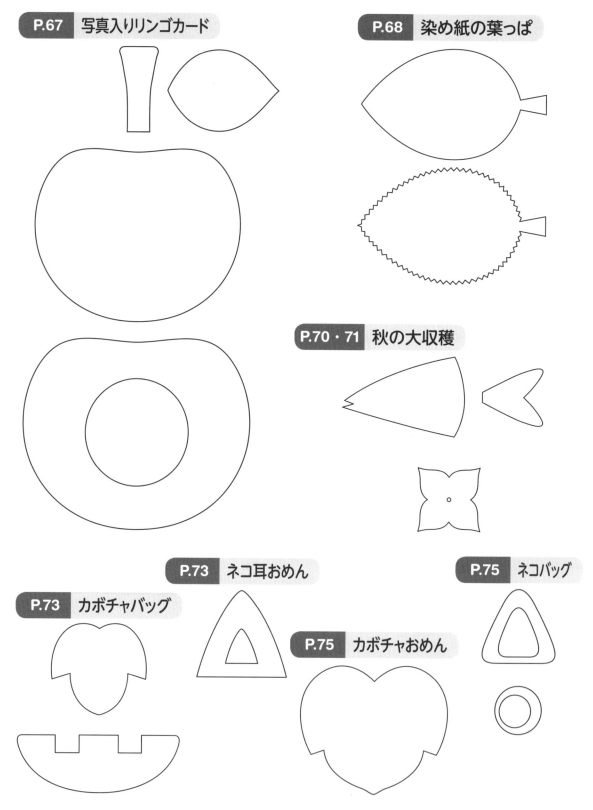

P.67 写真入りリンゴカード

P.68 染め紙の葉っぱ

P.70・71 秋の大収穫

P.73 ネコ耳おめん

P.75 ネコバッグ

P.73 カボチャバッグ

P.75 カボチャおめん

136

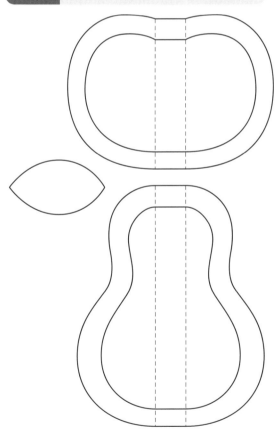

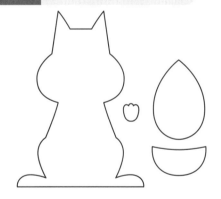

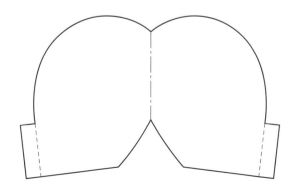

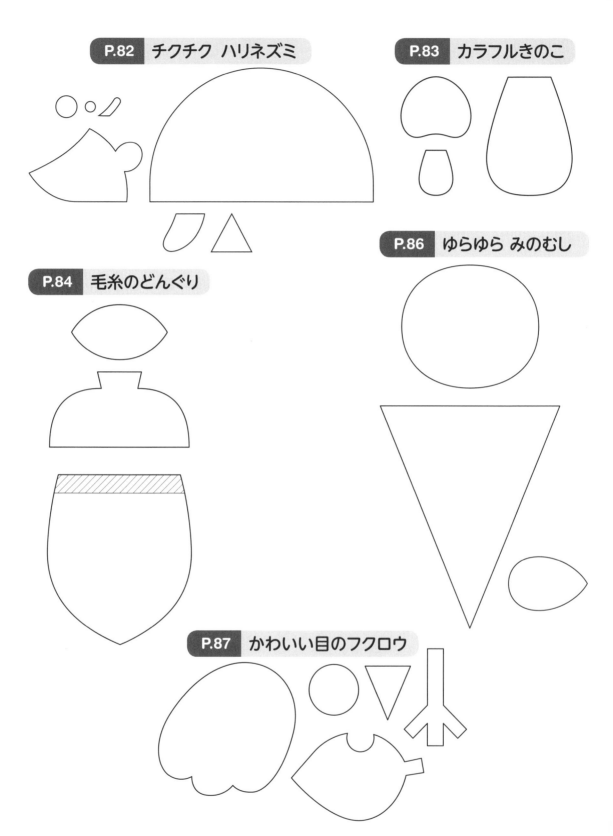

P.82 チクチク ハリネズミ

P.83 カラフルきのこ

P.84 毛糸のどんぐり

P.86 ゆらゆら みのむし

P.87 かわいい目のフクロウ

P.88 キラキラクリスマスリース

P.91 型抜きクリスマスツリー

P.92 つるしクリスマスツリー

P.93 お花紙雪だるま

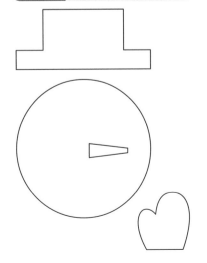

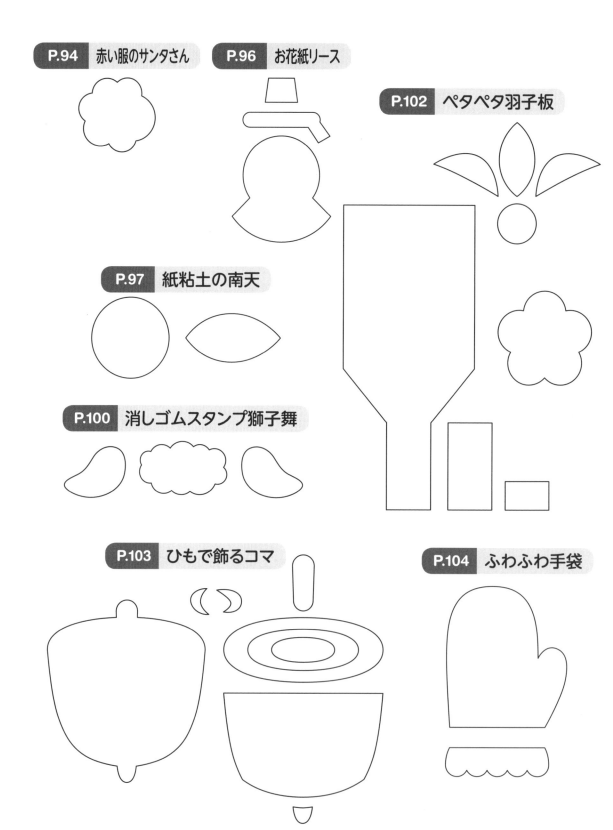

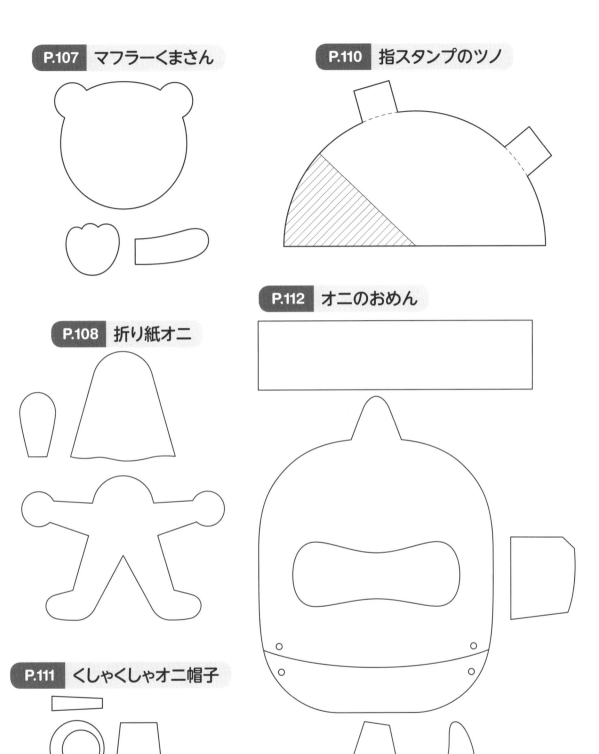

P.107 マフラーくまさん

P.110 指スタンプのツノ

P.108 折り紙オニ

P.112 オニのおめん

P.111 くしゃくしゃオニ帽子

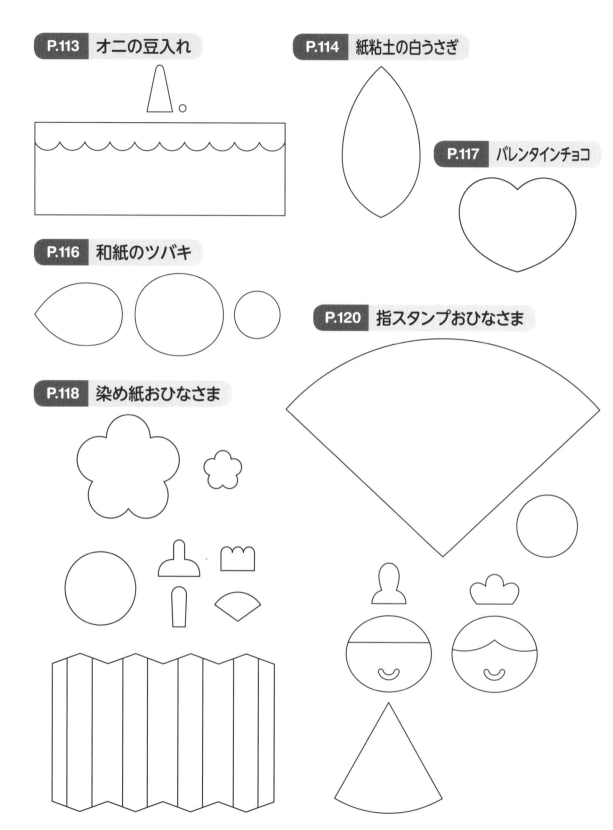

P.113 オニの豆入れ

P.114 紙粘土の白うさぎ

P.117 バレンタインチョコ

P.116 和紙のツバキ

P.120 指スタンプおひなさま

P.118 染め紙おひなさま

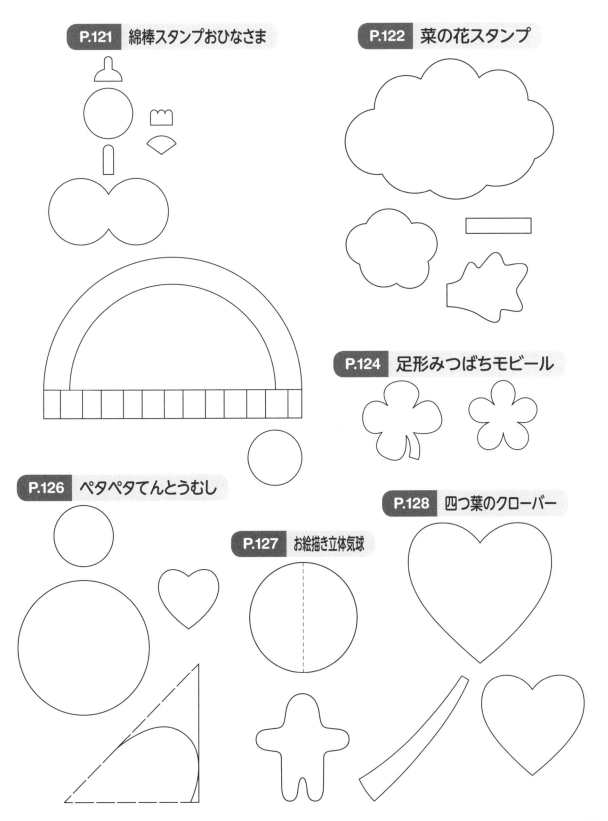

P.121 綿棒スタンプおひなさま

P.122 菜の花スタンプ

P.124 足形みつばちモビール

P.126 ペタペタてんとうむし

P.127 お絵描き立体気球

P.128 四つ葉のクローバー

●監修

横山洋子

千葉経済大学短期大学部こども学科教授。幼稚園、小学校教諭を17年間経験したのち、現職。著書に『発達にあわせた保育の環境づくりアイデアBOOK』(ナツメ社)、『U-CANの思いが伝わる＆気持ちがわかる！ 保護者対応のコツ』(ユーキャン)など多数。

● staff

執筆	横山洋子 (あそびのねらい・飾り方アイデア・製作のポイント)
プラン・製作	いとうなつこ　宇田川一美　金子ひろの(©COCORON)　くまだまり　佐藤 蕗 佐藤ゆみこ　つかさみほ　町田里美　みさきゆい　本永京子
手形アートプラン提供	やまざきさちえ (P.10・57・95・124・125)
デザイン	鷹觜麻衣子
DTP	ドットテトラ
撮影	大畑俊男
作り方・型紙	坂川由美香
校正	みね工房
モデル	泉谷星奈　大渡桔平　小山乃ノ晴　木村優之心　山本悠史　(テアトルアカデミー)
写真提供	たなかしゅんくん　みやもとたくみくん　こうたくん　ななちゃん　平山來都くん 平山芽唯ちゃん　はやてくん　さくちゃん　櫻井日向太くん　酒井葵依ちゃん おぐらたくまくん　真くん　大澤玄成くん　みずかみあいりちゃん　かいとくん あやみちゃん　松江蓮くん　松江蘭ちゃん　石田暁人くん　石田岳人くん
編集協力	株式会社童夢
編集担当	梅津愛美 (ナツメ出版企画株式会社)

本書に関するお問い合わせは、書名・発行日・該当ページを明記の上、下記のいずれかの方法にてお送りください。電話でのお問い合わせはお受けしておりません。
・ナツメ社webサイトの問い合わせフォーム
　https://www.natsume.co.jp/contact
・FAX (03-3291-1305)
・郵送 (下記、ナツメ出版企画株式会社宛て)
なお、回答までに日にちをいただく場合があります。正誤のお問い合わせ以外の書籍内容に関する解説・個別の相談は行っておりません。あらかじめご了承ください。

ナツメ社Webサイト
https://www.natsume.co.jp
書籍の最新情報(正誤情報を含む)は
ナツメ社Webサイトをご覧ください。

0・1・2歳児　12カ月の製作あそび

2020年　4月　1日　初版発行
2022年　7月10日　第5刷発行

監修者	横山洋子	Yokoyama Yoko, 2020
発行者	田村正隆	

発行所	株式会社ナツメ社 東京都千代田区神田神保町1-52　ナツメ社ビル1F (〒101-0051) 電話 03-3291-1257(代表)　FAX 03-3291-5761 振替 00130-1-58661
制　作	ナツメ出版企画株式会社 東京都千代田区神田神保町1-52　ナツメ社ビル3F (〒101-0051) 電話 03-3295-3921(代表)
印刷所	図書印刷株式会社

ISBN978-4-8163-6803-5　　　　　　　　　　　　　　　　　　Printed in Japan
〈定価はカバーに表示してあります〉
〈乱丁・落丁本はお取り替えします〉